U0556130

润　廉

好家规助力廉洁文化建设的探索与实践

陈立峰◎著

燕山大学出版社
·秦皇岛·

图书在版编目（CIP）数据

润廉 : 好家规助力廉洁文化建设的探索与实践 / 陈立峰著. -- 秦皇岛 : 燕山大学出版社, 2024. 10.

ISBN 978-7-5761-0760-9

Ⅰ. D630.9

中国国家版本馆 CIP 数据核字第 2024DK2014 号

润廉

——好家规助力廉洁文化建设的探索与实践

RUNLIAN

陈立峰 著

出 版 人：陈　玉

责任编辑：刘馨泽　　策划编辑：刘馨泽

责任印制：吴　波　　封面设计：曹　杰

出版发行：燕山大学出版社　　电　　话：0335-8387555

地　　址：河北省秦皇岛市河北大街西段 438 号　　邮政编码：066004

印　　刷：秦皇岛墨缘彩印有限公司　　经　　销：全国新华书店

开　　本：700 mm×1000 mm　1/16　　印　　张：12.5

版　　次：2024 年 10 月第 1 版　　印　　次：2024 年 10 月第 1 次印刷

书　　号：ISBN 978-7-5761-0760-9　　字　　数：150 千字

定　　价：62.00 元

序　言

党的十八大以来，习近平总书记就家庭家教家风建设多次发表重要讲话。他强调："不论时代发生多大变化，不论生活格局发生多大变化，我们都要重视家庭建设，注重家庭、注重家教、注重家风。""要注重家庭家教家风，督促领导干部从严管好亲属子女。"总书记的重要论述，为我们弘扬社会主义核心价值观、建设新时代幸福和谐文明家庭、推进中国式现代化行稳致远提供了根本遵循和行动指南。

家庭，是人生中的第一所学校，作为社会的细胞，是最基本的社会组织。正是一个个小家庭，凝聚成了大社会。家风的传承往往与家规紧密结合。家规是有形的规范，家风则是无形的传承；家规是家风的涵养载体和重要体现。可以说，家风正则社风正，家风清则国风清。古人强调"家国一体"、中华文化崇尚"家国情怀"亦缘于此。在经济日益发达的今天，涵养良好家风、培育家庭美德，无论是对践行社会主义核心价值观，还是对增强中华文化软实力，都具有重要意义。我国有许多优秀的家规家教流传至今。例如：周公在《诫伯禽书》中昭示后人的"一沐三握发，一饭三吐哺，犹恐失天下之士"；包拯明示子孙后代的"后世子孙仕宦，有犯赃滥者，不得放归本家；亡殁之后，不得葬于大茔之中。不从吾志，非吾子孙"；张英劝诫家人的"让他三尺又何妨"；曾国藩告诫兄弟的"有恒则断无不成之事"；习仲勋告诫子女的"雪中送炭惟吾愿"，都是滋养今人和后代的宝贵精神财富。

为了深入贯彻落实总书记关于注重家庭家教家风建设的重要论述精神，进一步发扬中华民族重视家庭教育的优良传统，推动"六廉"文化走进更多家庭，教育引导广大干部职工自觉弘扬家庭美德、传承优良家风、涵养清廉家教、遵守良好家规，中铁工业纪检系统结合企业红色传统与员工家风家教深厚文化底蕴，在全企业开展了“好家规”征集评选活动。同时，在活动开展期间与这些家庭成员进行座谈、访谈，18篇好家规故事就这样穿越时空来到我们面前，真切可信、朴实无华、令人感动、催人奋进，充分展示了中铁工业人纯朴深厚的家国情怀和家规文化。通过阅读这些家规故事，我们可以从中深刻感悟到：不一样的家庭也许会有不一样的家规，但不一样的家规却承载着一样的家国情怀。可以说，这次“好家规”征集活动，是弘扬优秀家规家风“看得到”的行动、“听得到”的宣言，也是深化“三不腐”一体推进“摸得到”的温暖，更是一次护航中铁工业“守正创新，六廉兴企”不断前行“悟得到”的实践。在未来的岁月里，相信我们也一定会“想得到”“记得到”这一则则好家规，从而激励1万多名中铁工业人从中汲取智慧力量、涵养家风家教、浸润养护心灵、升华思想境界。

家是最小国，国是千万家。18篇好家规故事，“一时之语，可以守之百世；一家之语，可以共之天下”，生动说明家规可以成为后世社会教育的普遍方案。当前，我们已经全面迈入中国式现代化新征程，弘扬社会主义核心价值观、弘扬优秀家规家训家风，是增强“四个意识”、坚定“四个自信”、做到“两个维护”的必然要求。我们坚信：通过不断发掘中华文化的宝贵财富，从优秀家规中汲取智慧养分，不但会建设千百个温馨的“小家庭”，也会让中铁工业这个“大家庭”更加和谐、更加美好。

在推动廉洁文化实践活动中，我们始终注重加强廉洁文化理论研究，通过撰写理论文章、开展专题调研、组织研讨座谈、参与重大课题等方式，从廉洁文化的内在要求、创新举措以及纪检干部自身素质提升等方面，系统总结国有企业廉洁文化建设的实践经验，深入把握新时代廉洁文化建设的规律性认识，充分体现廉洁文化的思想内涵和时代价值，逐步形成可借鉴、可复制、可推广的廉洁文化建设的经验和样本。

目　录

传承家规家训　润养良好家风

创新理论成果　凝聚发展合力

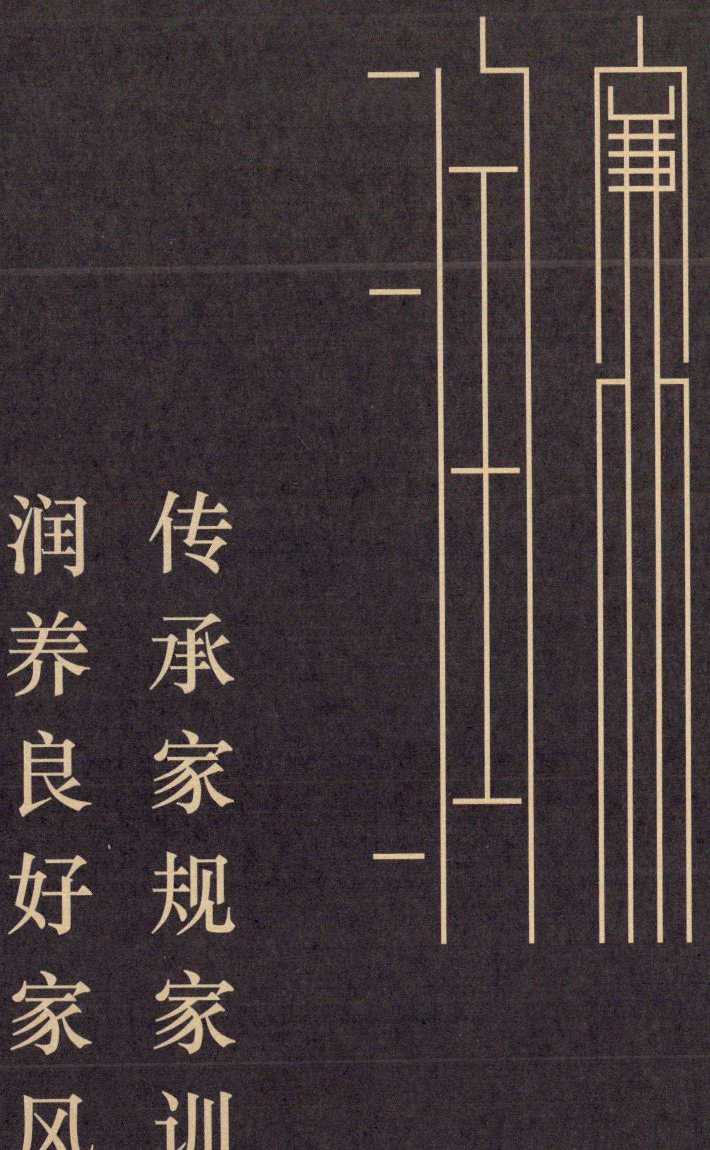

传承家规家训

润养良好家风

孝敬长辈　与人为善

——中铁山桥吕志坤“孝悌友爱”的好家规故事

我叫吕志坤，是中铁山桥桥梁分公司的一名工人技师。我出生在古城山海关一个普通的工人家庭。“孝敬长辈，与人为善”是我家的家规。家中每个成员都深知家规的重要性，并以家规为尊，代代传承。

“孝敬长辈，与人为善”是中华民族的传统美德，也是我家的家规。家里长辈从小就教育我要尊老爱幼，百善孝为先，吃饭时一定要等长辈到齐才能动筷，遇到长辈必须主动打招呼。小的时候，爷爷总是告诉我，他们年轻的时候生活很艰苦，有时连吃顿饱饭都困难，但是孝敬长辈却是刻在他们骨子里的自觉。逢年过节的时候吃上一顿肉或者包个饺子之类的，一定要在起锅的时候先盛上一碗，恭恭敬敬地送到长辈面前，请长辈先吃。在爷爷的言传身教下，孝敬长辈的家规在父亲身上很好地传承了下来。父亲下班后一定是先接下爷爷奶奶手里的家务，服侍爷爷奶奶的起居；在长辈讲话时，绝不随意插嘴；开了工资也一定会给父母买些吃食；与父母同行，必站在长辈身后侧……父亲也总是叮嘱我要孝敬老人，以顺为孝，维护好家庭的和睦，他总说：“家有一老，如有一宝。”“家和万事兴，我们老了，你就是家里的顶梁柱，你一定要带好我们这个家呀。”父亲的教诲我铭记在心，并落实在行动上。多年来，闲暇时间我除了钻研本职业务外，做得最多的就是陪伴自己的父母和妻女。只要有时间，我就会选择多同家人待在一起。周末的时候，我经常会带着老人、孩子，乘车来一次周边游。一家人其乐融融，不仅能欣赏家乡的美景、感受家乡的变化，更增进了家人之间的情感。俗话说：爱到最长久是陪伴。有空多陪陪老人，就是最好的孝顺。

在家庭氛围的影响下，我的女儿也十分乖巧，写完作业不是到处疯跑，而是读读书、画个画，跟在爷爷奶奶和父母身旁帮前帮后，就像一个快乐的小天使。

吕志坤和谐友爱的一家人

我从小听父母讲得最多的话除了孝敬长辈，那就是与人为善了。这也是我们家家规的重要元素。在我的记忆中，无论是爷爷奶奶还是父亲母亲，不仅没红过脸、拌过嘴，也从没有和别人发生过争执。帮助邻里街坊修葺房屋、维修电路之类的大事小情，总少不了父亲的身影。

1996 年，我从山桥技校毕业进入中铁山桥工作，当时我牢记父母的嘱托，勤奋工作，与人为善，工作几年下来，结交了几个彼此交心的朋友，尤其是我昔日的同学、当时的同事张红军，用山海关当地的话说，我们的关系贼铁！

2000年4月9日，我一如往常地在机床前忙碌着，心情却异常开心，因为当天是红军和他未婚妻领证的大喜日子，忙完工作，晚上怎么都要和几个要好的同学一起给他庆祝一下。

“志坤！别忙活了，快点去医院！张红军出车祸了！”工友的一句大喊，让我停下机器的同时大脑瞬间空白。我当即跟工友交代好手里的工作，匆匆赶往医院。到医院时，我看到红军的父母老泪纵横，也看到了最不愿看到的那一幕，我不相信最好的朋友就这么撒手去了，不是说好了还要一起举办婚礼的吗？“如果老天要一条命，就要我的命吧！”红军妈妈的啜泣声，让我和先后赶到医院的同学们也都泣不成声。

红军是家里的独生子。稍稍平复了心情之后，我作出了一个决定，并和几个同学说出了我的想法：“红军已经走了，我想认红军的母亲做干妈，替红军尽孝！”我的想法得到大家的肯定和支持，“我也算一个！”我和几个要好的同学几乎作出了同一个决定。

“我来做你们的儿子！”“我们来做你们的儿子！”“我们来给你们养老！”我们紧紧握住红军母亲颤抖的双手，坚定地说着，同时心中也暗暗发誓，这两位白发苍苍的老人的余生，我们会替红军好好孝敬！当天，我们都成了二老的干儿子。

从此，一有时间，我们几个同学总是过去帮着干点力所能及的事，陪他们说说话、解解闷。我离二老家比较近，平时收拾收拾卫生，换个煤气，二老家俨然成了我的家。

2015 年，干爹去世，留下干妈一个人。我知道，把红军和干爹一起安葬，这是当时干妈最大的心愿。于是，在干爹走后第二天，我和几个哥们儿商量后，一起买了块墓地，让他们父子在另一个世界相互陪伴。

平日里照顾干妈，虽平常但温馨，同学们也都和我一样，经常轮流照顾老人，带老人出去晒晒太阳、逛逛菜市场。

平淡的生活也需要调剂。2018 年的五一，在我的多次劝说下，68 岁的干妈终于同意和我开启一次长达 3000 公里的“烟花三月下扬州”的旅行，这也是干妈第一次走出山海关。“干妈，这是瘦西湖，乾隆皇上到过的地方。”“志坤，你帮我拍个照吧，我想给老伴和红军看看……”干妈的这个提议让我开心了起来，拍照的技术也瞬间得到了提升。

多年来，但凡有机会，我都会想方设法带着干妈出去旅游。同学

吕志坤陪干妈旅游

们也都很给力，一位女同学也加入了我们，干妈又多了一位干女儿。我还带着干妈去了山桥的如皋基地，告诉干妈红军的好多同学都在那里工作。

一到逢年过节、家人团聚的时刻，我就总有一些担心，怕干妈孤单、触景生情。对于照顾干妈，我的家人都全力支持，家里的活不让我插手，并叮嘱我多去干妈家看看。

除夕夜是最重要的节日，山海关的习俗是一家人看电视、包饺子、守夜到大年初一放鞭炮，连小孩子都可以熬个通宵。干妈怎么办？我也多次邀请干妈到我家跨年，但干妈总是以各种理由推脱，我知道她是不愿打扰我们一家人的生活。

我和家人商量，干脆这样吧。我晚上 8 点前到干妈家陪她过年，陪老人家跨年后再回家。我的提议自然又得到了家里的一致同意和支持。我和我几个好兄弟又再次想到了一起。就这样，陪干妈跨年、包饺子，至今已持续了 24 年，如今如果说有什么变化，那就是干妈的身体明显硬朗了起来，而我已经把“干”字淡忘了，开口就是“妈”，回应我的就是“儿子，你又来了，快歇会吧”。

我的妻子是一名人民教师，结婚 24 年，她也支持了我 24 年，我们互相尊重、相互理解，生活中有商有量、相互照顾。因为我平日要照顾干妈，家里大部分家务都是妻子在操持，她从无怨言，有的只是对我的默默支持。有时，她还会带着女儿一起帮我照顾、陪伴干妈，其乐融融，如同一家。“还好有你们陪着我，我的心里头不是那么寡啦”，这句话干妈经常挂在嘴边。

工作中，我钻研技术、精益求精，先后获得全国火车头奖章、河北省“能工巧匠”、中国中铁特级技师等荣誉。我还因为照顾干妈的事迹，

吕志坤被评为"河北好人"

被评为"河北好人""河北优秀青年志愿者""秦皇岛道德模范""秦皇岛市最美工人"等。

在我们的影响和家规的熏陶下，在上海华东师范大学就读的女儿，不仅学习刻苦，还经常参加各类公益活动，只希望以自己的微薄之力帮到更多的人。2022年，面对新冠疫情导致的上海封城、封校的情况，她毅然参加了学校的防疫消杀、浴室登记等志愿者工作，投入学校防疫一线，配合老师与疫情作斗争。

"爷爷和爸爸给我作出了很好的示范，作为吕家的女儿，我一定不能给你们丢脸，踏踏实实地学习、工作，用行动来发扬和传承咱们的家风。"

听着电话中女儿欢快的声音，我十分欣慰，有了女儿的传承和践行，我们的家规一定能不断发扬光大。我们都深信，好的家规能使家道兴盛、和顺美满，后辈们也有一个效仿的榜样。我也始终坚信，"孝敬长辈，与人为善"的家规会在我们家代代相传。

终身学习　不懈奋斗

——中铁山桥徐渤雨“勤学不辍”的好家规故事

我叫徐渤雨，是中铁山桥道岔分公司的一名调度员，我家祖孙三代都在山桥工作，爷爷和父亲的谆谆教诲激励着我成长进步，而“终身学习，不懈奋斗”这条家规，则贯穿了我们三代人的成长。

我的爷爷是参加过抗美援朝的老兵，1950 年，美帝国主义悍然入侵朝鲜，并威胁到我国边境安全，当时爷爷毅然参军加入了“抗美援朝、保家卫国”的行列。1951 年 11 月 20 日晚上，美军飞机突袭志愿军总部，担任雷达班班长的爷爷迅速向志愿军总部报告，并通过雷达信号指挥探照灯锁定了飞机的位置，配合地面炮兵部队成功击落了敌机。爷爷所在的雷达班荣立集体三等功。一年以后爷爷在朝鲜战场光荣加入党组织。

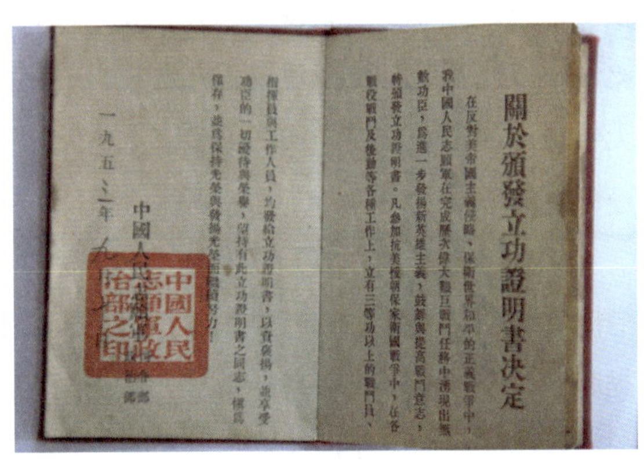

關於頒發立功證明書決定

在反對美帝國主義侵略、保衛世界和平的正義戰爭中，我中國人民志願軍在完成歷次偉大艱巨戰鬥任務中湧現出無數功臣，爲進一步發揚新英雄主義，鼓舞與提高戰鬥意志，特頒發立功證明書。凡參加抗美援朝保家衛國戰爭中，在各戰役戰鬥及後勤等各種工作上，立有三等功以上的戰鬥員、指揮員與工作人員，均發給立功證明書，以資褒揚，並享受功臣的一切優待與榮譽，望持有此立功證明書之同志，慎爲保存，並爲保持光榮與發揚光榮而繼續努力！

中國人民志願軍政治部

中國人民志願軍政治部之印

徐渤雨爷爷荣获的立功证明书

令人钦佩的是，爷爷在烽火硝烟的恶劣战场上依然没有放松学习。他通过自学，不断熟悉各类军事技能和专业知识，并完成了初级电工业务知识的积累。

1955 年，爷爷从部队转业到山桥后，受中共一大代表王尽美同志在山桥期间红色事迹的激励，继续刻苦学习、钻研业务，逐渐成了山桥的电工技术能手。大家遇到设备上无法解决的问题时，都愿意找爷爷来处理，而爷爷总会在第一时间赶赴现场，从不推辞。

在山桥生产武汉长江大桥、南京长江大桥两大国家重点工程的钢梁期间，面对设备电力方面的问题，爷爷经常加班加点奋战，有时连饭都顾不上吃。我父亲对此印象深刻，他小时候经常给加班的爷爷送饭，很多次爷爷回来时饭盒里的饭菜却一口没动。

据我父亲说，有一天夜里天降大雨，快 12 点了爷爷才下班回家，结果爷爷刚躺下没多久，家里就响起了一阵激烈的敲门声。

“徐班长！好几台机器停产了，我们处理不了，只能大半夜请您出马了，您快去现场看一下吧！”

来的是爷爷带过的两名电工。听了他们的介绍，爷爷二话没说，又冒雨跑到现场，凭着高超的技术准确判断并排除了设备故障，顺利恢复了生产。爷爷回家没多久天就亮了，疲惫的他却没有请假，简单吃过早饭就赶赴了生产现场。就这样，爷爷凭着他高超的电工技术和无惧艰难的奋斗精神，在武汉长江大桥、南京长江大桥钢梁的顺利生产中贡献了力量。

1958 年，爷爷因为过硬的技术被选派支援国家三线建设，后来凭借出色的表现荣获了“国防科工委劳动模范”“山桥劳动模范”等称号。提起这些荣誉，爷爷不禁感慨：“要是没有党的培养，没有孜孜不倦的学习，没有迎难而上的奋斗，哪里会有这些荣誉！”

“终身学习，不懈奋斗”的家规也在那时被爷爷确立下来，这家规虽然直白，却与宋代文学大家苏轼“读书正业，志存高远”的家风寓意相当，也恰恰与中铁工业提倡的“六廉”文化中“廉正”思想的“读书正业、持方守正”要求相契合，而爷爷的身体力行、言传身教，则是对家规最好的解读和示范。

我父亲1980年进入山桥工作，刚进厂时他是一名养路工，当时每天工作都很辛苦，有时回家吃饭时甚至累得拿不住筷子。为此，他也向爷爷抱怨过工作的苦和累。但爷爷却告诫他：“没有什么困难是克服不了的，没有什么苦是吃不下的，年轻人就要努力学习、勤奋上进，这样才能成为一个有用的人！”

自那以后，父亲再也没有抱怨过，爷爷的告诫被他深深记在了心里，并落实在了行动上。在努力工作的同时，父亲每天挤出时间认真学习，手不释卷，不仅掌握了大量道岔的相关知识，还通过自学考上了电大（广播电视大学）。

在电大学习期间，父亲接触并热爱上了写作，于是他利用课余时间阅读了大量写作方面的书籍和优秀文章，并积极撰写相关材料来锻炼、提升自己的写作水平。当时，父亲的一篇文章还被《工人日报》刊载，工友们都难以相信像父亲这样一名养路工人能够写出这样的文章。后来，凭借出色的写作能力，父亲被选调到山桥党委宣传部从事对外报道工作。其间，父亲仍没有间断对写作知识的学习，写了不少好文章，其中最让他得意的，是一篇关于山桥道岔的新闻稿。

当时正值铁路六次大提速，全体山桥人热火朝天地要为国家铁路建设贡献出最优质的道岔产品，并在1997年6月率先研发出了60千克/米钢轨18号可动心轨提速道岔。作为宣传工作者，父亲意识到深入一线了解情况是及时报道的关键。为此，他坚持深入现场，了解生产流程。试制成功当天，他熬了一个通宵，逐字推敲完稿并顺利刊发，让全国人民都知道了山桥道岔，这是他一直骄傲的事情。

随着写作水平的不断提高，父亲还被调到中国中铁总部担任《中铁工运》杂志副主编。平台大了，工作上遇到的困难也越来越复杂。每当这时，父亲都会想起爷爷的嘱托："人外有人，天外有天，一定要坚持学习，拼搏奋斗。"相较最初的养路工，父亲并没有因为身份的转变、平台的提升而骄傲，而是常怀好学之心，时刻不忘努力，在副主编的位置上兢兢业业工作了 10 年。

徐渤雨的父亲荣获《工人日报》优秀特约通讯员称号

10 年里，他写的文章每个字都要精雕细琢、反复推敲。他在《人民日报》、新华社等中央主流媒体发表数百篇企业宣传文章，20 余篇新闻作品获国家级和省部级奖励。

时光流转，2007 年 8 月，我也在山桥参加了工作，在道岔车间负责数控铣床操作。刚进厂那段时间，正赶上中国高速铁路从无到有、从有到大规模建设的快速发展时期。道岔分公司承担了京哈、京沪等重要铁路线上提速道岔的生产任务，车间里新安装了很多数控机床，升级了进口设备的操作系统，产品加工程序都需要重新调试，作业难度不小。当时，由于我动手能力差、对道岔的了解也不够，数控铣床操作技术始终达不到要求。父亲就嘱咐我要多学、多干，特别是要学习爷爷身上不服输、肯吃苦、无畏困难的优秀品质，牢记并践行“终身学习，不懈奋斗”的家规。

在家规的鞭策下，我不断向老师傅学、向同事们学、向书本学，一点点丰富了数控机床方面的知识储备，提高了铣床操作技术水平。就这样，我用了不到3个月就能独立操作机床并参加新产品的试制工作。后来，还凭着不服输、肯付出的劲头，迅速成长为班组的骨干，新活、难活、风险高的活逐渐落在了我的身上。

随着国内高速铁路迅猛发展，对道岔高质量、高精度、高安全性、高平顺性的要求越来越高。我在工作中不断学习，反复思考，不断进行着技术的迭代创新，累计完成国内外 100 多种各类型道岔新产品的试制，以及约 5 万根各类钢轨件的机加工，还获得国家知识产权局颁发的“实用新型专利”2 项，以及技术创新和小改小革 70 余项。

“多学多干，看似比别人付出得多了一些，但我获得了大量工作上的历练，这样才让我的技术水平不断提高，工作表现也得到领导和周围同事的认可”，一次和父亲聊天时我不禁感慨。父亲则对我的进步很是欣慰，并嘱咐我要继续保持这样的劲头，在以后的日子里还要不断学习与奋斗。

2020年，山桥承接了嘉兴有轨电车一期工程的道岔制造任务，这是山桥向建党100周年献礼的重要项目，所有人都无比重视，压力也随之而来。接到具体生产任务后，我一度不知道从何做起，30多种特殊道岔类型，对我来说是前所未有的挑战。

回到家，爷爷和父亲都看出了我的压力，得知原因后，爷爷没有说什么，只是提醒我，中共一大代表王尽美同志就是从嘉兴来到山桥的，干这个活是荣耀的，不要怕困难，没有什么困难是战胜不了的！

徐渤雨祖孙三代合影

“对！没有什么困难是战胜不了的！”爷爷这句话带给了我很大的勇气，相较于爷爷和父亲当年面临的困难，我这又算得了什么呢？又有什么是不能克服的呢？

加工过程中，我克服了工期紧、制造难度大、新材料、新工艺等一系列难题，还利用学习和实践带来的知识储备，提出改进加工路线、优化工艺、改进刀具等合理化建议10余项，带领大家加班连点保工期、保质量，出色完成了试制加工任务。

多年的努力和付出让我获得了“河北省质量标兵”“河北省劳动模范”等荣誉称号。公司还成立了以我的名字命名的创新工作室，我和同事们先后攻克各种生产技术难题130余项，为企业创造了950余万元的经济效益，工作室被命名为“河北省劳模和工匠人才创新工作室”“中国中铁五星级劳模创新工作室”。

曾有人问我，是什么让我取得了这些荣誉。我没有确切的答案，但我总会想起爷爷和父亲的言传身教，想起“终身学习，不懈奋斗”的家规。

学习是文明传承之途、人生成长之梯、政党巩固之基、国家兴盛之要。我们祖孙三代正是通过学习奋斗才不断进步。“终身学习，不懈奋斗”的家规，我将一直坚守、践行和传承下去，并希望通过我的家规故事，影响更多的家庭，让学习和奋斗的光辉愈加闪耀！

忠孝仁厚 淡泊明志

——中铁宝桥王子舒“永不褪色”的好家规故事

我叫王子舒，是中铁宝桥道岔分公司的一名技术人员。在青山巍峨、绿水环绕的安福县金田村，有一座格外醒目的土木结构老宅，屋檐正中悬挂着一块木质牌匾，上面镌刻着“忠孝仁厚，淡泊明志”8个大字。这便是我们的“王氏家规”。

提及我家的家规，还得从我的爷爷说起。我的爷爷王创先，出生于20世纪20年代，是一名从抗美援朝战火中走来的革命军人，在战场上他“万里赴戎机，关山度若飞”，回农村后“事了拂衣去，深藏身与名”，把“忠孝仁厚，淡泊明志”的家规践行了一辈子，与中铁工业“六廉”文化的“廉辨”思想“头脑清醒、淡泊明志”一脉相承。1988年，爷爷因战时旧伤复发不幸去世，但“王氏家规”的传承并未就此中断。它如同一把熊熊火炬照耀着后人，启迪我们怎样好好做人、怎样好好做事、怎样成为社会上的好人！

1950年6月，朝鲜战争爆发，爷爷作为中国人民志愿军7264部队三营八连的一名工兵，跟随这支正义之师雄赳赳、气昂昂跨过鸭绿江。

战争初期，由于我方没有制空权，敌机轰炸肆无忌惮，爷爷所在的工兵连队，时刻要趁着轰炸间隙赶修工事。一次，就在爷爷和战友们抢修工事之际，敌人的飞机突然来袭，扔下了密密麻麻的炸弹，其中一块弹片击中了爷爷大腿根部。当时，由于战场医疗条件有限，加之工事抢修任务繁重，爷爷仅做了一些简单包扎就投入了二次抢修工作。这块弹片，却永远留在了他的身体里。由于表现突出，爷爷被部队授予三等功一次、连队嘉奖一次，还荣获抗美援朝纪念章、和平勋章。

王子舒爷爷荣获的抗美援朝纪念章

1956 年，由于身体残疾工作不便，爷爷不想因此拖累部队，主动提出退伍还乡。这年春天，他脱下军装换上农装，放下枪杆子拿起了锄把子，开始了从军人向农民的转变。回乡后，爷爷时刻也没有忘记革命军人本色，一边踏踏实实务农，一边钻研石匠、木匠等手艺，成了既能肩扛锄头、犁铧，又能手拿錾子、墨斗的“乡贤能人”。农闲时，邻里乡亲谁家建新房子、修个门窗家具，都第一时间请爷爷出马。对此，爷爷每次都是随叫随到，义务帮忙干好每一件手艺活。每当有的人家拿出钱财或礼物要表示感谢时，爷爷都会生气地说“干活不要钱，给钱不干活”，从不接受任何酬谢。

农闲时节，村里人知道爷爷参加过抗美援朝，便聚在一起让他讲抗美援朝的故事。昏暗的灯光下，他讲战争、讲战斗、讲战友，却从来不炫耀自己，绝口不提所立的功劳和获得的军功章。“和那些牺牲的战友们相比，我虽然身残但活着回来了，比他们已经幸福很多了”，他一边回忆，一边流泪。

20 世纪 60 年代初，受三年严重困难影响，几乎家家缺衣少粮，爷爷家也是一穷二白。看到一家老小食不果腹，奶奶实在忍不下去，拉着爷爷的手恳求说：“老王，你好歹也是革命功臣，去找政府说一说，给咱家争取点救济吧！”谁知爷爷却说道：“咱不要给政府添麻烦，全国不只是我一个人扛过枪、打过仗，如果都要照顾救济，国家能给得起吗？”在爷爷去世多年后，奶奶又给我们讲起了这段故事，她最后流着眼泪说：“你爷爷是对的，他是一名革命军人，又是生产队长，关键咱家的家规也不允许，你们一定要向爷爷学习啊！”

在老乡们眼里，我们家情况极其特殊，称“满门忠烈”也毫不为过。新中国成立后，我的大爷爷、爷爷和大伯都曾先后入伍，大爷爷和大伯在战斗中负伤退伍回家后相继病亡，爷爷后来也因战争创伤复发不幸去世，最终家里只剩下一门孤儿寡母。作为家里唯一的顶梁柱，我的父亲扛起了重担。他说：“在这个家，我就是拼上自己性命，也要报答养育之恩，绝不辱没咱王家的家规！”

其实，父亲和爷爷没有一点血缘关系，他是爷爷退伍还乡后收养的。从小到大，爷爷一直将他视如己出、精心抚养。父亲不仅从爷爷身上学到了生存技能，更是从爷爷身上传承了家规真谛。

在农村，一个男人扛起一个家族属实不易，为全家老人养老送终更是难上加难。多年来，我大爷爷、大奶奶、爷爷、奶奶和大伯 5 个人相继去世，为老人送终几乎花光了父亲所有的积蓄，还欠下了一大堆外债。对此，也有好心人劝他：“又不是你的直系亲属，尽孝心差不多就行了！”每每听到这些，父亲都会生气地说：“他们不是我的亲爹娘，但胜过我的亲爹娘，做人要厚道，不能忘本啊！”记忆中，很多节假日，他都会蹬着一辆老式自行车，风里来雨里去，走这家门，进那家房，不是在还债，就是在还债的路上。

20 世纪 80 年代初，国家实行家庭联产承包责任制，大队考虑到我爷爷的情况和我家的家庭现状，将 2 亩离家近的水田分给了我家。几天后，一个邻居找到我父亲说：“那两亩地我们之前一直在种，里面撒了很多农肥，你看能不能置换给我们啊？”父亲一听二话不说立刻找队上完成置换。父亲说：“人家在田里沤肥了，咱们绝对不能占这个便宜！”

几十年来，每天早上先去大爷爷家帮忙，然后再回到自己家干活，几乎已经成为父亲日常生活的“二重奏”，每一天、每一月、每一季、每一年都在这样的重复中度过。也许是长期的过度劳累，父亲看上去比同龄人沧桑很多，皱纹爬满了整个额头，见人也不善言辞、不爱说话，但却用最朴素的行动诠释着什么是“忠孝仁厚，淡泊明志”，让儿女们时刻感受到家规无处不在。

良好的家规，胜似阳光雨露，总会滋育希望的种子向上向善，破土而出、生根发芽、茁壮成长。

18 岁那年，我没有辜负爷爷和父亲的期望，如愿考上了大学。20 岁那年，又光荣加入了中国共产党。4 年之后，我从江西安福来到陕西宝鸡，穿越井冈山来到秦岭，成为中铁宝桥的一名职工，在道岔分公司从事技术研发工作，翻开了我职业生涯的新篇章。

进厂不久，我接到全面提升道岔热锻成型工艺装备水平的任务，

王子舒全家人合影

这是公司确定的年度重点技改技措项目。初生牛犊不怕虎的我，背上行囊匆匆上路。3 个月里，我走遍了大半个中国，走进了所有相关厂家，拜访了很多同行专家，确定了当时自动化程度最高的四工位成型工艺，得到了公司和有关单位的高度认可，最终投资建成了国内领先的道岔热锻成型自动生产线，推动国内道岔热锻成型技术至少提前 5 年步入自动化，不但降低了操作者的劳动强度，而且大幅提高了产品的稳定性。

2019 年，在公司技术部门和分公司的大力支持下，我开展道岔跟端加长 600 毫米异型钢轨研究工作，这又是一个填补国内行业空白的技术攻关项目。那些日子里，我几乎全天吃住在生产现场，和操作工人一起进行操作、加工、检测，然后到实验室进行电脑模拟计算和试验，最终完成了客专、工联岔以及重载道岔轨件的跟端加长研制工作，在实现高速道岔全面无缝化、延长线路钢轨使用寿命方面起到了关键作用。几年来，我两次获得中国中铁科技进步二等奖，被授予“首届中铁工业十大杰出青年”、宝鸡市首届“最美青工”、宝鸡市第十二批有突出贡献青年拔尖人才等荣誉称号。

这些年来，无论是成功登台接受掌声鲜花，还是工作遇到艰难挫折，爷爷和父亲的身影都会浮现在我脑海中。特别是重大科研遇到“死结”的时候，我都会独自走到厂房外的马路上，把目光投向遥远的东南方向，

王子舒荣获的“首届中铁工业十大杰出青年”奖章

我知道那里有我的爷爷和父亲的期待，他们一生历经的磨难比我多得多，与命运抗争的力量比我强得多，我作为后人绝不能给他们丢脸。正如我离家前父亲的殷殷嘱托："你是共产党员，要听党话、跟党走，工作上要吃苦耐劳，选择吃苦也就选择了收获，干一行，爱一行，精一行；工作中要高调做事、低调做人，不浮夸、不欺人、不骗人，做一个堂堂正正的人！"

不一样的家庭也许会有不一样的家规，但不一样的家规却承载着一样的家国情怀。"忠孝仁厚，淡泊明志"，就是我们家的"红色家规"，是一家几辈人用生命和鲜血不断践行的至理名言。无论昨天、今天还是未来，我都将与它永远相伴、携手同行，一起拥抱更加美好的未来！

忠厚传家久　诗书继世长

——中铁宝桥贾亚男“耕读继世”的好家规故事

我叫贾亚男，来自中铁宝桥（扬州）有限公司经营销售部。在扬州公司，一提起我家，很多人都会说我们夫妻善良醇厚、勤奋好学，孩子活泼可爱、积极上进，是一个幸福美满的好家庭。其实，这种幸福并不是天上掉下来的，而是我家“忠厚传家久，诗书继世长”这条家规的真实体现。

我的老家坐落在河北清苑的一个偏远村庄，那里地缘开阔、历史悠久、文化深厚、人文淳朴，几乎家家都有各具特色的家规，有的可向上追溯千年，有的则不足百年。我姥爷家的家规就属于后者，那是一幅写着“忠厚传家久 诗书继世长”的书法作品，一直悬挂在老家堂屋正中的墙上，距今有50多年的历史。

打我有记忆起，几乎每次全家开会，姥爷都会把大家召集到堂屋坐下，有意无意地指着这幅泛黄发皱的字画，一遍遍告诫大家：“忠厚为人是我们家的底线，勤奋好学是我们家的目标，你们无论走到哪里、干什么工作都不要忘了，一定把人做好、把知识学好、把事情干好！”后来，也许是怕我们听不懂，姥爷又专门给我们上了一堂“家规课”。他说，这句诗出自北宋苏轼的《三槐堂铭》，大概意思是，为人应该忠厚，饱读诗书，不断学习，这样的家庭才会繁荣兴旺、长久不衰。

说起这条家规的来历，其实源于姥爷内心最柔软、最深沉的一道伤痛。姥爷小的时候，家境十分贫寒，常常吃不饱、穿不暖，刚刚念完小学就被迫辍学，和父母一起在家务农。那些年，每当他看见别的小伙伴背着书包上学，都会有一种难以言状的苦痛泛上心头。尤其是长大以后，一旦看到曾经的小伙伴个个学有所成、荣归故里，姥爷心里的痛苦就翻江倒海一般久久难平。有了子女以后，姥爷经常对他们说："我一辈子吃了没有知识的苦，绝不能让你们像我一样当'睁眼瞎'。"于是有一天，他专门花钱请人写了这幅字，拿回来把它挂在堂屋的"C位"，让一家老小随时随地看得到、摸得着，知道应该做什么、应该怎么做。

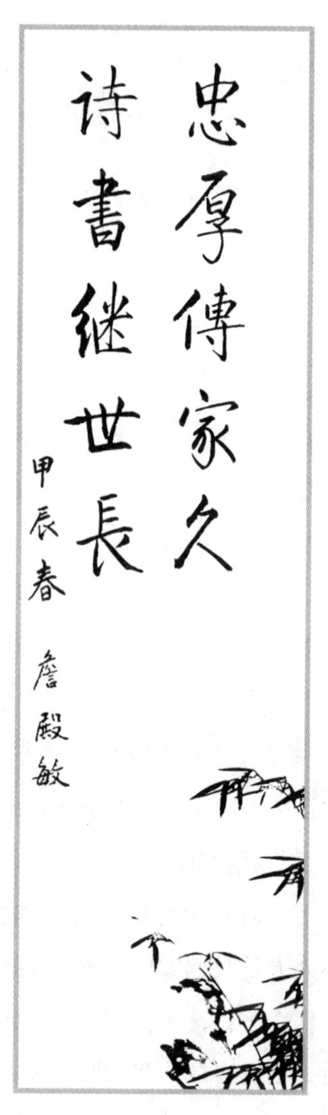

贾亚男家的家规

家规是家族文化，也是家长文化，家长身先垂范是根本。为了让家规不仅仅"挂在墙上、说在嘴上"，姥爷第一个站出来成为家规"代言人"。农忙季节，他除了起早贪黑种好自己的庄稼地，还不分昼夜帮助村里的孤寡老人，不是亲人胜似亲人；邻里之间也是相处得十分和谐，不是亲兄弟胜似亲兄弟。农闲时节，他还养成了读书、写书法的习惯，几乎到了手不释卷的地步，把《苏东坡文集》《毛泽东诗词》背得滚瓜烂熟，书写的《兰亭集序》《陋室铭》《滕王阁序》名闻乡里，成为村上红白喜事必不可少的“账房先生”和“写手”。更为可贵的是，面对身患残疾的小儿子，他从来不打不骂、不离不弃，不怨天尤人，坚持天天给儿子穿衣戴帽、擦洗手脚，尽心尽力照顾孩子的衣食住行，用大山般的父爱坚强扛起了儿子的未来。

姥爷的一言一行，无声胜有声，深深感染着每一名家庭成员。姥姥是第一个带头响应的，她不再整天围着三尺灶台，也开始学做各种针线活，不仅给自家孩子做棉袄、棉鞋，村上的很多孩子也穿上了她缝制的衣服和鞋子。姥爷的三个女儿也悄悄发生着变化，她们不再满足于种庄稼这一项生产技能，而是一起报名参加了农业技术、养殖技术培训班学习，家里吃饭的饭堂慢慢变成了交流学习的课堂……在全家人的辛勤努力下，猪、羊、驴养了起来，苹果树、梨树、花椒树种了起来，姥爷一家成为村里率先脱贫致富的典型榜样。姥爷高兴地说：“这都是托学文化、学技术的福啊！”

那些年，农村里重男轻女的思想非常严重，“儿子是宝、女儿是草”观念根深蒂固，很多女孩上完初中就外出打工了，我也萌生了这样的念头。谁知我刚一开口，母亲就火冒三丈：“男男，别忘了你姥爷的嘱托，别忘了咱们家的家规，不读书没有出路，我们就是拼了命也要供你上大学！”在父母的坚持和鼓励下，我放下了私心杂念，又全力以赴投入学习，最终以优异的成绩考入了大学，成为村里第一个女大学生。拿到通知书的那天，我们全家人围坐在堂屋里，姥爷顶着老花镜来回翻看着通知书，幸福和快乐把整个堂屋撑得满满当当。那一刻，我感动得掉下了眼泪。

2011年，我大学毕业后成功入职中铁宝桥扬州公司，成为一名光荣的央企技术人员，村里人说我是“山窝里飞出来的金凤凰”。加入中铁宝桥10多年来，我始终没有忘记家规的教导，努力做到工作上积极上进、生活上向上向善、学习上勤奋努力，从一名职场小白逐渐转变为销售业务骨干。更为可喜的是，在个人事业成功的同时，我也收获了自己的爱情，与同年进入扬州公司的大学生李强喜结连理，如今我们的孩子也已经10岁了，我们同心协力开创着“人勤春来早、家和万事兴”的生活新篇章。

如今，“忠厚传家久，诗书继世长”的家规已经成为我们小家的行动指南。近年来，扬州公司业务快速增长，桥梁订单一个接一个，对各种专业人才的需求也越来越强烈。于是，我们夫妻俩一致决定，立足业务实际加强岗位“再学习”。几年来，我认真学习建筑工程、项目管理、工程经济、建筑实务等专业知识，通过努力考取了一级建造师和一级造价工程师证书。我的丈夫李强也不甘示弱，和我一道坚持学习，连续取得了国际涂装检验师NACE2级、美国SSPC认证涂装技工、ICATS涂装督导等证书，并被聘为扬州公司首届科技专家。

自从有孩子之后，我和丈夫深知家庭教育的重要性，更加重视孩子的日常教育，努力帮他扣好“人生第一粒扣子”。于是，我们根据家规的指引，给孩子取名“书晗”，希望孩子以后成为一个腹有诗书气自华的人！

现在，孩子已经上小学了，我们经常带他进行亲子阅读，培养他爱读书的好习惯，不断加强对孩子的日常管理和教育。2023年的国庆假期，我带儿子回老家。在老屋里，我给儿子讲解了“忠厚传家久，诗书继世长”的家规。姥爷兴致勃勃地不断补充，并叮嘱重孙子要好好学习、忠厚做人，长大了做一个有出息、有本事的人……如今的姥爷，年纪大了，腰弯了，背驼了，眼睛也有点浑浊了，但精气神却是一点不差。临走前，姥爷拉着我的手，送了我一幅写好的字，是唐代文学大师韩愈的《师说》。我知道，这是姥爷对我们的祝福，更是姥爷对我们的期待，希望我们把好家规的“火炬”接过来、传承下去！

好家规，不仅是工作事业的“助推器”，也是廉洁从业的“防火墙”。这几年，随着我们夫妇先后成为公司关键岗位的管理人员，各种挑战也越来越多，特别是廉洁从业风险越来越大。每当这个时候，家规就像一把戒尺会浮现在脑海，一再提醒我们要“老老实实做人、踏踏实实干事”，千万不能有任何私心杂念。于是，我和丈夫私下约定，每当发生这种情况，我们一定要相互告知一声，一起抵挡各种各样的“糖衣炮弹”，决不能为一点蝇头小利丧失了做人的底线，更不能因为一己之私损害了企业的利益。后来，我们还着重加强了对廉洁自律和廉洁从业知识的学习，有时候也会结合自身工作开展相关讨

贾亚男和儿子一起读书

贾亚男一家三口

论，相互提醒成了家里的新常态。

常言说，国无法不安，家无规不齐。如今，尽管已过去半个世纪，“忠厚传家久，诗书继世长”的家规，却与时光一道愈发老而弥坚，与日月一道永远熠熠生辉。面向美好的未来，我作为一名共产党员，一定要用良好的家规正己正人，用良好的家风涵养初心，让好家规、好家风代代相传，为弘扬中华优秀传统文化和社会主义核心价值观增光添彩。

好好做人　好好学习　好好工作

——中铁科工黄炳蔚“四代坚守 五代传承”的好家规故事

我叫黄炳蔚，是中铁科工纪委的一名纪检员。作为纪检干部，我深知，没有坚定的理想信念、敢于担当的精神、永葆廉洁的正气，是干不好纪检工作的。无论在哪个岗位，我脑海中总会反复浮现出“好好做人，好好学习，好好工作”这样一句话，这就是我家的家规。这“三好”家规与中铁工业“六廉”文化中关于廉正的解读“堂堂正正做人、踏踏实实做事、兢兢业业读书”如出一辙。

好好做人，一柄刺刀映射勤勉独立。在我的家里，刺刀这件特殊的物品作为传家宝一直珍藏至今。我的曾祖父曾是山东省安丘县（今安丘市）抗日革命根据地的一名民兵，在战场上浴血拼杀，曾缴获一把三八式步枪刺刀，按照“一切缴获要归公”的规定上交后，组织便将一把“边区造”刺刀分配给了他。

在日寇猖獗、国土沦丧之时，我的曾祖父又逢家中饥馑、祖父年幼，但他舍小家、顾大家，毅然决然投入抗日救亡的伟大事业中。在战斗中他不畏艰险，完成了一次次作战任务。在新中国成立后，他甘于平凡，没有谋求什么待遇职务，而是重新做回了一个普通农民，过着忙碌而又平静的生活。

有一天傍晚，我的祖父与曾祖父拉起了家常：“爸，你也打过仗，杀过鬼子，论功劳也不少了，你怎么没有当个干部？”随之而来的是曾祖父的一句训斥：“混账，国家现在多不容易，咱们能从鬼子手里活下来，能养活自己，我就心满意足了。你叔是八路，让鬼子打死了，他能不能活过来当干部？他当不上干部，我凭什么当干部？能好好做人，比什么都强！”

祖父满腹委屈，本想反驳，可看到曾祖父一直盯着挂在墙上的刺刀出神，眼睛也已湿润，祖父抱怨的话，就再也说不出口了……

在我出生之前我的曾祖父就已经去世了，我对他的了解只是来源于我的曾祖母、祖父和父亲的只言片语。曾祖父和祖父那天的对话，还是我的曾祖母用浓重的山东方言给我讲述的，虽然我没有在场，但我能想象到曾祖父在呵斥我祖父时，一定是想起了在抗日战场上牺牲的亲弟弟和战友们。“这是你们用命换来的新中国，可你们却连看都没能看到，而我又咋能忍心给国家添负担呢？”我想曾祖父当时看着那柄刺刀，心里一定是这样想的吧。

自那以后，祖父再也没有向曾祖父抱怨过，受我曾祖父影响，我的祖父也一直勤勉自立。而“好好做人”，便成了我们家的第一条家规。

好好学习，一条扁担鞭策躬行笃学。我的祖父在新中国成立前出生，当时家里极度贫困，他根本没有机会上学，他的童年留下的恐怕只是给地主家放牛和吃了上顿没下顿的痛苦回忆。长大后，因为曾祖父从未谋求过特殊待遇，大字不识的祖父“顺理成章”地成为一个面朝黄土背朝天的农民。但因为当时国家建设需要大量的知识分子，我祖父就无比重视教育，在他的支持和鞭策下，我的父亲和我的两个姑姑都考上了大学，分别走上了工程师、护士和教师的岗位。就是这样一个连自己名字都不认识的老农民，竟然培养出 3 个大学生，这在我们老

黄炳蔚曾祖父珍藏的刺刀

家是破天荒的大事，一直被人们津津乐道。成就这一切的原因，就是我家的第二条家规“好好学习”。

我父亲在求学的时候家里也非常贫困，祖父和祖母往往要在天不亮的时候就挑着上百斤的担子到30里外的村子磨麦子，只因为那里的磨坊价格便宜，能够省下几分钱。每当看到祖父母被担子压得佝偻的身躯，我父亲都忍不住心酸想要帮忙，甚至有了退学务农的想法。

祖父的回应就是抄起那被他肩膀磨得锃亮的扁担，作势要打父亲。

“你爷爷让我自力更生、好好做人，我做到了！解放打仗的时候我十几岁，就当儿童团的团长，淮海战役解放军打徐州的时候，我差点推着推车上前线。现在国家需要知识分子去建设，你的任务就是好好学习。只要你们好好上学、报效国家，我砸锅卖铁也把你们供出来！”

祖父舍不得打我父亲，他的扁担最终也没有落在我父亲的身上，但却落在了父亲的心里，“好好学习”就这样镌刻在了我们家族的血脉传承之中。即使再困难，祖父也没有一丝一毫让子女退学回家务农的想法，甚至在农忙时期，只要我的父亲和姑姑在学习，祖父绝不会让他们放下书本去干农活。

在祖父的支持和教诲下，1982 年，我的父亲以优异的成绩考上了包头钢铁学院，就是今天的内蒙古科技大学，成了那个时代少有的本科生。谈及那时的生活，我的父亲曾说，进入了大学才真正理解了《送东阳马生序》，那时他的同学多是城里人，一到放假就四处游玩，而他却连粮票都要数着用，多吃一份青菜，恐怕就要饿一天肚子。但是贫困的生活并没有让他自怨自艾，“好好学习”的家规促使着他将全部的精力投入学习，毕业时，他以全系第二名的成绩被分配到了武汉钢铁设计研究院，也就是今天的中冶南方。

好好工作，一支圆规画出自强不息。在我的记忆里，我的父亲似乎总是很忙，他好像总是去很远的地方做很重要的事情，总是缺席我们一家人的晚餐，总是深夜一个人在昏暗的房间里目不转睛地盯着发亮的电脑，画着那些我看不懂的图纸。据我母亲说，在我出生前的一个月，我的父亲被外派到项目上整整一年的时间，陪伴在我父亲身边的，只有几把尺、几支笔和一支作图圆规。那支作图圆规形状特殊，小时候的我数次向父亲讨要，想要拿去学校炫耀，但父亲总是笑着跟我说：“你还不到时候呢。”

在他 36 岁那一年，一门心思扑在工作中的父亲取得了教授级高级工程师的职称，成了这个行业里数得着的专家。他参与了武钢、宝钢、鞍钢等多个大型钢铁厂的设计，为祖国的改革开放事业作出了难以磨灭的贡献。

在我刚踏入工作岗位时，我们一家难得地迎来一次团聚，闲谈中我母亲调侃地说，以父亲的专业能力，稍微动动心思，当个领导还不是手到擒来，但是他就像个木头一样，从来不考虑“进步”的事情。

我的父亲听到这句话后，并没有反驳，而是从抽屉中取出一个陈旧的盒子，转向我严肃地说道：“我从来都看不上那些投机取巧、溜须拍马的钻营，我就是一个普通的农民家的孩子，你的太爷和爷爷当初教育我的时候没有那么多大道理，也没有什么小技巧，就只有两句话——好好做人和好好学习，现在我加一句，好好工作。这是你小时候找我要过的圆规，今天我把它和这三句话一起送给你，希望你能牢牢记住！”

黄炳蔚父亲传给他的圆规

黄炳蔚家的全家福

纸盒陈旧，但是里面的圆规却依旧闪闪发亮，父亲最简单的三句话就这样成了我家的家规，也刻在了我的心里，不断督促、鞭策我勤勉自力、自强不息。

“好好做人，好好学习，好好工作”这句朴素得不能再朴素的家规，从抗日战争时期开始，随着我曾祖父缴获的刺刀、我祖父的扁担和我父亲的圆规一直传承到了今天，到了我这一辈，已经是第四代了。在这样的家规的熏陶下，我考了研，被评为优秀研究生和优秀研究生干部，加入了中国共产党，还获得过优秀党务工作者的荣誉。现在我又投身到了光荣而又艰巨的纪检工作中，在家规的鞭策下，我也将努力在纪检岗位上干出成绩，用忠诚、干净、担当维护企业的风清气正。

如今我已是而立之年，能够更深地体会到家规背后隐藏的深刻含义。好好做人，只有行得正，才能走得远，品行端正，方可不被诱惑所干扰，勤勉自力，自然不去伸不该伸的手；好好学习，学习是立身做人的永恒主题，只有好好学习，才能更加充实睿智，才能不断提升自身能力，在干事创业中发挥更大作用；好好工作是实现自身价值的根本，只有全身心地投入工作，才能不辜负组织的培养和个人的心血，成为一个真正有用的人。“好好做人，好好学习，好好工作”，这一朴素的家规，正是勤勉向上，自立自强，爱国敬业，听党话、跟党走的最实在的表达。

在 2024 年 7 月 1 日，党的生日这天，我的孩子也出生了。我将不断践行“好好做人，好好学习，好好工作”的家规，用实际行动言传身教，将这种信念传承到第五代人的身上，让它在将来的时光中，继续闪耀坚定而又夺目的光芒！

严于律己 宽以待人 以身作则

——中铁科工李田雨“勤学笃行 严管严爱”的好家规故事

我叫李田雨，是中铁科工瑞敏检测公司的一名普通员工，1997年出生于河南省三门峡义马市。这是一个并不富裕的小县城，用现在的话说，我是一个出身普通家庭的“小镇做题家”。我能够从不知名的县城小学，走进“211”大学的研究生课堂，再到有幸加入世界五百强的央企，背后是我家的家规在不断激励和鞭策着我。这条家规便是我父母不断践行并传承给我的“严于律己，宽以待人，以身作则”。

这条家规一直以来都是我们全家做人做事的准则，也是塑造我良好品格的重要载体。父母在教育我的过程中，通过观察我的思想动态和行为变化，及时用正确的思想、正确的行动、正确的方法对我进行教育引导。其中让我印象最深刻的一件事，发生在我上小学一年级的时候。

自控力不强是孩子在成长过程中常常面临的挑战之一，我也不例外。不巧的是，我每天的作业时间，正是忙碌了一天的父母看电视的闲暇时光。然而对于一个7岁的孩子来说，最微小的声音都能迅速地吸引我的注意力。

“当山峰没有棱角的时候……”每当《还珠格格》的主题曲响起，我的心思就从书房飞进了客厅，不自觉地竖着耳朵想听电视里的动静，

李田雨幼儿时期一家三口合影

虽然声音很细微，但我的好奇心总不断被勾起，“聪明”的我也总能巧妙地在好奇心达到顶峰时，找借口从书房离开，要么借故去洗手间，要么去喝点水，装作悄悄经过客厅，实则脚步缓慢地看两眼电视，看的次数多了，我竟养成了无法在学习时集中注意力的坏习惯，总想着去这里逛逛、那里晃晃，成绩也一落千丈。

“田雨，你过来。”一年级下学期的一天，我像往常一样开门喝水，却并没有看到想象中的电视画面，只见到父母严肃地坐在沙发上，招呼我过去，“这段时间，你的成绩下降很多，今天我们观察了你，一个小时的时间里，你喝了三次水，上了两次厕所，你老实和爸爸妈妈说，是不是在偷偷看电视剧？”

听到父母的询问，我紧张害怕得说不出话来，更不敢抬头看他们，只能怀着忐忑的心情迎接即将到来的狂风暴雨。可让我没想到的是，等来的不是愤怒的斥责，而是妈妈语重心长的话语：“这件事情是我和爸爸不对，没有严于律己、以身作则，以后爸爸妈妈会跟你一起学习，我们一起进步。”从此以后，每当我在学习时，他们都主动关闭电视，陪伴在我身边，静静地阅读书籍，营造出浓厚的学习氛围。他们的坚持，

李田雨 12 岁时一家三口合影

如同一道无声的屏障，屏蔽了外界的干扰，使我重新专注于眼前的学业。在这样的氛围下，久而久之，我们一家人都学有所成。父亲竟在近 40 岁的年纪考上了兰州大学的研究生，之后又参加了省级检察院的遴选考试，并以第一名的优异成绩被录取。母亲也在一次次检查、考试中，凭借过硬的业务素质当上了护士长。后来，我也考取了北京科技大学的研究生。

成长的过程中，“严于律己，宽以待人，以身作则”的家规一直持续影响着我，也影响着我身边的人。在我考研究生的关键一年，我和我的本科室友并肩作战，约定考入同一所心仪的学校，我们一起出入图书馆，一起挑灯夜战到凌晨。但是，随着时间的推移，惰性还是缠上了我们。慢慢地，我们在图书馆的时间越来越少，在寝室的时间越来越多，拿起书本的手总会不自觉地伸向手机。有一天，我的室友和我说："今天就不去图书馆了吧，我们也劳逸结合一下，一起出去逛个街吧？""好啊！"这两个字居然脱口而出。

但是回到寝室后，看着墙上距离考研仅剩50天的标语和心仪学校的照片，深深的自责和后悔如潮水般涌上心头，这真是我想要的吗？但正当我拿出书本，想要利用夜晚的宝贵时间进行学习时，室友刷抖音的声音却一下子打消了我的斗志。

正当我踌躇时，妈妈打来了电话，"喂，田雨，复习得怎么样啦？"我不敢和妈妈说今天出去逛街了，只能溜出寝室，跟她抱怨室友总是玩手机、逛街，带着我也没办法好好复习。

"你还记得小时候偷看电视的故事吗？爸爸妈妈怎么带动你的？"听了我的抱怨，妈妈并没有和我一起埋怨室友，也没有责怪我意志不坚定，而是讲起了我小时候的故事："'严于律己，宽以待人，以身作则'的道理，是爸爸妈妈很小的时候就教给你的。少年辛苦终身事，莫向光阴惰寸功。现在爸爸妈妈都不在你的身边，需要你用自己的行动去影响别人了。"

妈妈的话如醍醐灌顶般点醒了我，是啊，明明我也想逛街、也想玩手机，怎么能责怪别人没有给我营造良好的学习环境呢？从这天起，无论多么疲劳、多么辛苦，我每天都坚持到图书馆学习直至闭馆。在寝室里，即使室友在玩手机，我也会默默地拿出书本复习。慢慢地，室友也逐渐放下手机，拿出书本坐到了我身旁，我们又找回了考研之初的斗志和干劲。最终，我们一起考取了北京科技大学的研究生。

2022年毕业后，我在中铁科工集团走上了检测员的岗位。虽然初入职场，但是在父母严管严治中养成的良好学习习惯让我迅速熟悉了工作。不到一年，我就成了一名被大家广泛认可的“老手”，还被任命为实验室项目负责人。随着企业实验室业务快速发展，工作量激增，公司给我的项目分配了一名新入职的实验员，我也成了一名“师傅”。“徒弟”虽然努力，但由于刚入职，对工作流程还不太熟悉，工作进度总不尽如人意。特别是在 2023 年 6 月，数个检测项目同时开展，时间紧、

李田雨父母参加女儿学校的 70 周年校庆活动

任务重，我们不敢怠慢，几乎一刻不停地进行着检测工作。但就在任务时间节点仅剩一个星期的时候，“徒弟”却掉了链子。

“你这几天坐在仪器前到底在干什么，这点工作还没做完，照你这个速度，这几个项目的时间节点一个都保证不了，到时候你自己去跟客户解释。”在周一组会的时候，看到他缓慢的工作进展，我气不打一处来，丢下这句话就干自己的工作去了。

当天回到家里，虽然不再生气，但我的心里久久不能平静。回想起自己刚入职的时候，工作进度也是很慢的，现在的我，会这样批评那个时候的我吗？念及此处，“严于律己，宽以待人，以身作则”的家规又浮现在我的脑海之中。反思自己在分配这些工作时，也没有设身处地考虑实际情况，只是以我现在的工作能力，机械地将任务平均分配下去。过程中，我也没有及时跟进帮扶。出现工作进度缓慢的问题，其实我更有不可推卸的责任。第二天，我找到“徒弟”，和他诚恳地谈了我的问题，并且和他一起赶进度，完成剩余的实验。最终，我们按时交付了检测结果，而他也在这个过程中更加熟悉了工作流程，逐渐成长为一个合格的检测员。

“严于律己，宽以待人，以身作则”的家规，让我们家每个人都养成了爱读书、勤学习、求上进的良好习惯，战胜了自身惰性，成了更好的自己，同时学会了尊重、理解和包容。我会将家规化作生生不息的“基因密码”代代传承，感召下一代，影响身边人。

自力更生　奋发图强

——中铁装备张晓娇“立业自强”的好家规故事

我叫张晓娇，来自中铁装备盾构公司。家规正则家风正，家风正则家道兴。中华民族自古以来就重视家规、家教、家风的教育和传承。“自力更生，奋发图强”便是我家从爷爷那一代传承下来的家规。

我的爷爷张振江出生于 1929 年，是一个乡村戏剧人；我的父亲张福生出生于 1962 年，是一个泥瓦工；我出生于 1989 年，是一名焊接工艺工程师；我的孩子分别出生于 2017 年、2019 年，目前都在校园茁壮成长。四代人的出生时期不同、社会角色不同，但家规是贯穿彼此的共同价值认同。

战争时期，怀揣上战场、打鬼子想法的爷爷向地方提交了参军申请，组织考虑到爷爷是家中独子，就始终没有接纳。作为一个饱受战争之苦的老百姓，爷爷深知共产党的恩情大于天，深知党带领人民自力更生、艰苦奋斗的艰辛与不易。不能戎装报国，怎样才能回报党的恩情？爷爷的方式就是听党话、跟党走，只要是党安排的工作、组织的任务，即使困难重重、挑战巨大，都要积极参加。新中国成立后，从小接触戏剧的他，成了一位走在乡村一线的“文艺工作者”。

1959 年，爷爷所在的河南省荥阳市崔庙人民公社接到上级指示，为庆祝新中国成立十周年，要组建戏班子进行国庆演出。“共产党带

张晓娇爷爷获得先进个人合影留念

领我们老百姓建立了新中国，我们也要为新中国的十周年庆典贡献自己的一点力量”，抱着这一想法的爷爷听到这个消息就立即报名了。万事开头难，公社活动经费有限，导致用来唱戏的各种“家伙什”都无法购买或租用，只能自行制作。戏服的样式各异、图案复杂，让从来没做过戏服的社员犯了难，直到开戏前五天戏服还没有制好。得知这一情况后，平时喜欢画画的爷爷自告奋勇参与戏服制作工作。在有限的时间内，他与几位有些绘画经验的同社人夜以继日、加班加点，将借来的戏服上的图案逐个画在新制作的戏服上；同时，爷爷牵头组织了 20 余个针线活做得好的女同志，将图案一点一点绣上去，终于在开戏前一天晚上完成了全部绣制任务。演出中，在精美戏服的装扮下，爷爷和社员们扮演的“包拯”等角色活灵活现，每一个动作都透露着内心的喜悦。后来有人问爷爷：“老张，你都没做过戏服，咋就敢接这做戏服的活？”爷爷笑着说：“那有啥，用党教育俺们的话来说，自力更生，奋发图强，没有啥是干不成哩！”听母亲说，每每和家人聊起这些，爽朗的笑声、自豪的笑容总是自然地穿插在爷爷的讲述中。

“父母之爱子，则为之计深远。”父亲的兄弟姐妹多，爷爷依靠唱戏的手艺起早贪黑、走街串巷养活着一家十几口人。他经常对自己的8个子女说，每个人都要学会至少一种拿手本领，“孩儿”学学木匠、厨师，“妮儿”学习织布、缝纫等，并要保持精神头把本领学精学深，只有这样，日子才能过得踏实。父亲在爷爷的言传身教下跟着师傅学做了泥瓦工。跟人学、自己悟，父亲的手艺越来越好，在十里八村都是出了名的。在我的记忆中，父亲总是忙忙碌碌、勤勤恳恳，不管是烈日炎炎还是寒风凛冽，村里乡亲们盖房子的现场都少不了他的身影。

1998年夏天，父亲在同村的一位乡亲家里张罗着盖房子。傍晚时分，回到家里吃饭的他听到天气预报说后半夜要下雨后，立即放下碗筷赶往工地，召集几个工友迅速把已经铺好的水泥进行“收面”。天已晚，但父亲严格按照师傅教他的操作流程进行作业，并提醒工友们不能偷工减料、糊弄过去。经过四五个小时的紧张施工，父亲和工友们在大雨来临前完成了水泥“收面”工作，并采取了防雨措施，既避免了乡亲家的经济损失又保证了房屋质量。再平凡的舞台也能绽放光芒！父亲总说，乡亲们找我盖房子，是信得过我，更是信得过我盖的房子的质量。而我知道，这份信任是父亲靠自己的努力一点点换来的。

有人说，焊接就是钢铁裁缝，通过焊接可以把钢材变成“有用之才”。

2014 年大学毕业后，学习材料加工工程专业的我成了一名焊接工艺工程师。2021 年我入职了中铁装备，主要负责盾构机焊接工艺工作。截至目前，我累计参与完成 20 余台盾构机的焊接工艺编制，形成了百余份焊接工艺规程。回想这一历程，始终绕不开的就是家规对我的影响。

2022 年 5 月，公司承接了应用于 CZ 铁路项目的“高原先锋号”

2022 年春节张晓娇家庭聚会

盾构机生产任务。接到焊接工艺编制任务时，我的内心十分忐忑，但也充满期待。既担心自己无法胜任，又期待自己能够在新结构中实践应用新工艺，打造更高品质的盾构产品。收到撑靴焊接图纸后，我和同事立刻展开结构件焊接工艺性分析，发现常规的焊接工艺无法实现关键部件在这台盾构机上的顺利装配。面对这个难题，我们咨询同行厂家，但都因为“保密”原因，无法得到相关的指导。怎么办？关键时刻还是要靠“自力更生，奋发图强”！于是我与同事协力配合，多途径查阅文件、翻阅资料，一丝不苟地进行工艺钻研。在这一过程中，爷爷的话语、父亲的身影不断地显现在我的脑海中，给予我勇气和信心。经过 15 天的努力，我和同事完成了关键部件焊接工艺方案编制，实现了焊缝一次探伤合格率 100%，圆满完成了组织交办的任务。在后续的煤矿、铁矿等新领域项目中，我和同事不断把前期摸索验证的方案推广应用，并对承制的外协厂家进行技术交底，从根本上确保了产品质量达标创优。

2014 年，我与男朋友毕业，从校园走进了婚姻殿堂，价值观相同的我们从那一刻起就约定，要将我家的家规传承下去。家庭的价值观对孩子的成长有着巨大的影响，无论贫穷或者富有，自力更生、奋发图强才是驰骋人生路的最大底气。如今，我已成为两个孩子的妈妈。“自力更生，奋发图强”对一个学龄前的孩子来说，可能有些难懂，但其中“不惧困难，依靠自己”的内涵却在孩子成长中的历程中不断被践行着，这就是传承的力量。

2022 年夏天，因为新冠疫情的原因，公司实行居家办公，当时还在上幼儿园中班、只有 5 岁的儿子也只能居家“闭关”。在家期间，我抱着试一试的态度给儿子报了围棋网课试听课，没想到他试听后非常感兴趣。经过 1 年多的学习和对弈比赛，他的围棋水平从“无级”提升到“五级”。每当回想起他第一次参加面对面“二级”晋级比赛时发生的情景，我都很庆幸有一个好家规的传承。

“二级”晋级比赛采用的是“六局四胜制”，每一局与不同的选手进行对弈。儿子经过连续 4 局对弈后的成绩是三胜一负，但是长达 3 小时的比拼消耗了他大量体力。考场外，儿子见到我的一瞬间就哭了：

“妈妈，比赛时间太长了，太难了，我实在坚持不住了。”此时，需要参赛人员 5 分钟后进入赛场进行下一局比赛的信息，在比赛工作群中响了起来。面对这样的局面，我语重心长地对儿子说：“崠崠，爸爸妈妈知道你坚持了这么久，非常棒。你准备了这么长时间，已经战胜了 3 位对手，如果现在放弃就会前功尽弃。尽管你很累，但最后的胜利就在眼前，再冲一把吧！”儿子听了我的话，思索了片刻说：“妈妈，我进去比赛了，靠我自己，坚持到最后！”终于，儿子顺利拿到了“二级证书”，高兴得手舞足蹈，学习围棋的热情更高了。

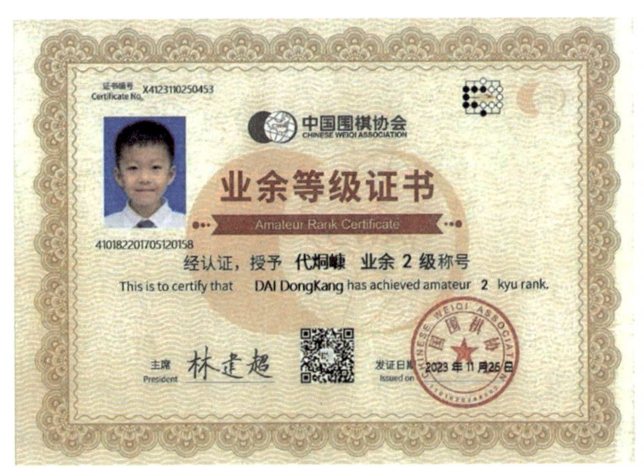

张晓娇儿子的围棋二级证书

对我而言，孩子拿到围棋二级证书只是阶段学习效果的一个体现，更重要的是，在这个过程中，他理解了“遇到困难，依靠自己，奋发图强，坚持到底就是胜利”的含义，也用自己的行动诠释了家规的内涵。

入职中铁装备加入盾构公司第三党支部后，我参加的第一次主题党日活动，就是学习“六廉”文化。当支部书记解读到“廉能”的文化内涵时，我脑海中一下闪现出“自力更生，奋发图强”的家规，这不就是“廉能”的一种体现么。

自力更生是中华民族自立于世界民族之林的奋斗基点，奋发图强是立世谋生的应有态度。祖辈、父辈走街串巷、辛勤奔波，靠手艺养活一家人；我投身大国重器制造行业，用新工艺让大国重器品类更广、品质更高、品牌更亮。四代人的经历、使命不一样，但我相信，家规将一直激励我们不惧困难、艰苦奋斗，用自己的双手创造更加美好的新生活。

爱读书　善读书　读好书

——中铁装备刘智强“读书正业”的好家规故事

我叫刘智强，是中铁装备生产管理部的一名员工。读书足以怡情，足以长才。工作之余，我总爱捧起一本书，细品其中文字，让心灵得到满足。这个习惯来源于我的爷爷，“你要爱读书、善读书、读好书，何须问好处，读就是了”，记忆中，爷爷总是喜欢这么对我说。彼时虽不解其意，但看到长辈们读书，我也会不自觉地拿起书本，领略一个个精彩的书中“世界”，越看越觉得读书深有趣味，自此便爱上了读书。从爷爷那一代起，读书就成为我家的一贯传承，成为家规的核心要义。

爷爷出生于 1918 年，他经历了硝烟弥漫的战争岁月，见证了从党的诞生到新中国成立的峥嵘岁月，目睹了国家日新月异的发展和时代的更迭变换。记忆中，家乡的风吹麦浪总是流露出无尽的生机与活力。农忙之后的田间地头，别的长辈都在朗声笑谈着今年的丰收与希望，爷爷却总是盘坐在树荫下，微笑着从麻布袋里掏出一本书、一支笔，粗糙的双手翻阅着泛黄的书页，时不时写下什么，就像在和他的书朋友分享着收获的喜悦。

同事们都说，我读书的方式很特别，在“快餐式”阅读盛行的现代社会，我边读书边作批注的行为很奇特，而这个习惯就是来源于爷爷。爷爷读书的时候，身边总是放着笔，他会随手将自己的想法感悟，用漂亮的蝇头小楷标注在原文附近。在他看来，只有这样的读书方式，才能体会读书的乐趣。老家那本陈旧泛黄的《毛泽东诗词》里，密密麻麻记满了爷爷的条条感悟。

1931 年，日军侵华，中国迎来了一个重要的历史转折点，爷爷的人生也发生了巨大的变化。彼时，社会动荡加剧，民不聊生，爷爷心急如焚，想用自己的微薄之力为国家作些贡献。挚爱读书的他选择成为一名教书先生，先后在河南省新郑龙王乡、观音寺镇小学做语文老师，让知识化为保家卫国的武器。新中国成立后，爷爷进入新郑县政府做了文员，1976 年才从工作岗位退休。1986 年，新郑县政府编写县志，68 岁的爷爷受邀参与编撰，热爱读书、心系家乡的他，精神抖擞地记录着这片土地的历史。

爷爷写得一手好字，在当时那个没有电脑、没有高科技的年代，字都是一笔一画写出来的。提起爷爷的字，村子里没有人不竖起大拇指。每到逢年过节，街坊邻居、亲朋好友都会来请爷爷写对联。能为大家作贡献，爷爷的开心溢于言表，他总是一笔一画工工整整地把每个字写到完美。小时候，家里老房子的屋门两侧总是挂着一副对联，每年换新但内容不变，“孝悌传家根本，诗书经世文章”，都是爷爷亲手写的，告诫我的父辈们“读书”二字的重要性。如今，过年的时候，我也总是会手写一幅内容一样的对联，贴在书房门口，旨在纪念与传承爷爷的这一教诲。

1991 年，爷爷走了，我虽然再也见不到他的音容笑貌，但我感觉他从未离我远去。我时常想起家里的那块小黑板，它一直放在老家正屋门口的房檐下，记录了爷爷从教我认识自己名字到会写很多简单汉字的点点滴滴。在他的悉心教导和严格要求下，小学三年级的时候，我已写得一手漂亮的粉笔字，经常被安排书写班级、学校板报，成为老师们夸奖和小朋友们羡慕的对象。爷爷躬身践行“爱读书，善读书，读好书”的家规，是留给我们最大的精神财富。用心用脑读好每一本书也成为我告慰爷爷的心灵寄托。

父亲因各种原因没能延续爷爷的职业传承，但重视教育的理念并没有消失。小时候家境贫寒，经济窘迫到恨不得一分钱掰成两半花，为了维持一家人的生计，父亲总是拉着架子车往返几十里售卖蔬菜。但他在支持我读书上却从不吝啬，只要是我需要买的书或者想看的书，他总是千方百计挤出钱来买给我读。他总说：“好好读书，其他的事不用你操心。”“为你买书花钱，我不心疼。”为了减轻家里的经济负担，我有时候会在书摊前坐着把想看的书看完，之后再回家。一来二去，卖书的跟我都熟了起来，他们也由一开始的不太情愿变成欢迎我的到访。我们一家人对读书的喜爱和执着，离不开爷爷的教导和影响。

1996 年，上小学五年级的我，听说县城图书馆里的图书可以免费借阅。回家告诉父亲后，他二话没说就趁中午休息的间隙，骑着自行车载着我去图书馆借书。到地方后才发现办理借书证需要交押金，但父亲身上仅带了几块钱，为了不让我失落，父亲不顾夏日炎热，又蹬着自行车回家拿钱，才顺利办理了借书证。那天，村子到县城图书馆的路不再漫长，父亲载着借到书的我一路歌唱。这歌声和愉悦伴随着我整个求学经历和工作历程，一直激励着我“爱读书，善读书，读好书”。

2011 年我与妻子走进婚姻殿堂，并相继拥有了儿子和女儿。妻子是一名人民教师，更是一位读书爱好者。共同的爱好，让我们家里充满了读书氛围。孩子们出生后，在我们俩的言传身教中，“爱读书，善读书，读好书”的家规潜移默化地影响着他们。在他们心中，“忠

刘智强家的全家福

厚做人，饱读诗书，不断学习”的种子渐渐生根发芽。

儿子出生到现在，我们用儿歌、古诗、杂志、故事等各种书籍来浇灌他的心灵，从听父母读到自主阅读，他对读书的兴趣越来越浓，读书的能力也越来越强。小学二年级，他获得了学校“童言童语”讲故事比赛一等奖，并屡次在阅读考级活动中获得“阅读小秀才”的称号。

现在生活在县城，离图书馆也近，我和妻子办理了借书证，刷卡进门，扫码借书、还书，依靠现代科技，操作简单便捷。带孩子们去了几次，他们也学会了借阅自己喜欢的书籍，阅读范围包含历史、哲学、文学、经济和科普系列，知识面越来越广。孩子们也会模仿书上幽默诙谐、略带调侃的方式和我们聊天、讲故事。

有次，和儿子一起读《曾国藩家书》时，我们一起探究了传记这种文学体裁，在探讨中共同学习，于我而言也是一种难得的幸福。我告诉儿子，读书要讲究技巧，《曾国藩家书》收录了曾国藩与家人的往来书信，表达了他对兄弟子侄的期望和教导，非常有深度，阅读时应该把原著和改编、小说、评论等对比着看，把多种行文风格、多种思维方式、多种情感表达糅合起来看，才能全方位读懂曾国藩，读懂他的家书。教导孩子“爱读书，善读书，读好书”，就像爷爷当初教我的那样。

现在，儿子 12 岁、女儿 8 岁，女儿也跟随哥哥的脚步，经常翻阅家里的书本，汲取“营养”。2022 年，新郑市举行“书香家庭”评选活动，儿子踊跃报名。回到家中，儿子兴奋地同我分享这个消息，我夸赞他是个自信的小朋友。儿子说，周围的小伙伴们都说他读书最多、知识渊博，妈妈还是个高中语文老师，肯定算得上“书香家庭”。活

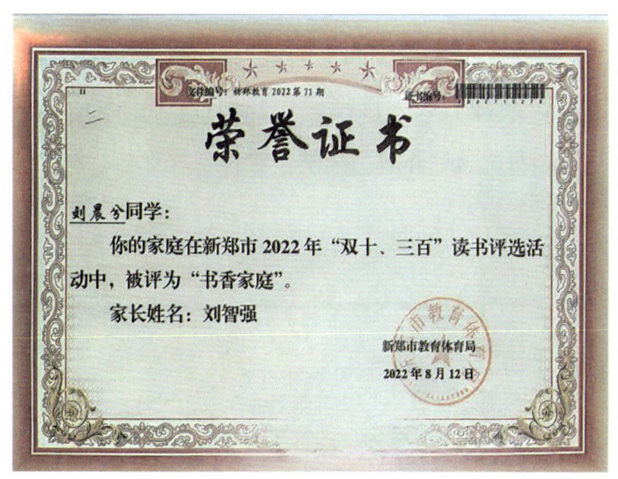

文件编号：新郑教育 2022 第 71 期　证书编号：

荣誉证书

刘晨兮同学：

你的家庭在新郑市 2022 年“双十、三百”读书评选活动中，被评为“书香家庭”。

家长姓名：刘智强

新郑市教育体育局

2022 年 8 月 12 日

刘智强儿子荣获的“书香家庭”荣誉证书

动申报过程中，儿子独立完成了填报书目名录、撰写读书体会、整理手工作品等活动要求，凭借丰富的阅读经历和扎实的写作功底，顺利拿回“书香家庭”的奖状。他说：“整个学校的老师都说我们的家教好、家风好，那为啥我们的好呢？”我向他讲述了他曾祖父的故事……看到哥哥拿回奖状，不服气的女儿嘟着嘴说道：“哼，下次我也可以的。”边说边拿起了正在阅读的儿童读本继续翻阅了起来。

繁忙的工作之余，读书是我缓解压力、舒展心情的放松方式，也成为我融入企业大家庭、助力企业发展的一种方式。近年来，为全面提升员工综合素质，公司在不断为我们推荐购买业务与管理书籍的同时，还自编自制了一批含金量高、指导性强的“特色”书籍，《企廉》《家廉》《典廉》就是其中的代表作。我也经常把这三本书拿回家，与家人一起分享“六廉”文化理念，对标先进典型，从家规出发，向“廉正”迈进，不断为我的家规注入新思想、新力量。

读书正业，读书立人，读书明智。我很庆幸祖辈父辈缔造了一个好的家规传承，树立了一个积极向上的价值取向。让爱读书成为兴趣、善读书成为方式、读好书成为选择，让我们行动起来，在追梦的路上与读书相伴共舞，为“修身齐家”垒基，建设幸福家庭，演绎出彩人生。

艰苦奋斗　攻坚克难　清正做人

——中铁九桥鲜艳“发扬铁道兵精神”的好家规故事

我叫鲜艳，是中铁九桥电商营销中心副总经理（主持工作），我的父亲曾是一名光荣的铁道兵，他为我们立下了“艰苦奋斗，攻坚克难，清正做人”的家规。这条家规就像明灯，一直激励和指引着我，为我注入能量、指明方向。在学习中铁工业“六廉”文化的过程中，我发现这条家规与“廉敬”品质关于“恪尽职守，勤勉敬业”的要求高度契合。

1978 年 7 月 4 日，在铁道兵成立 30 周年之际，叶剑英元帅题词：“逢山凿路，遇水架桥，铁道兵前无险阻；风餐露宿，沐雨栉风，铁道兵前无困难。坚持这一革命精神，为建设社会主义现代化强国作出更大的贡献。”这是对铁道兵战斗生活的真实写照，是对铁道兵卓越战功的最高褒奖，是对铁道兵精神的高度概括和弘扬。

一直以来，从父亲的铁道兵身份到我的桥梁工程建设者身份，我们家始终传承并发扬好铁道兵精神。任凭时代变换，精神将代代相传，历久弥新。

1972 年父亲就参军了，当了 13 年铁道兵，曾荣立三等功两次。在我小的时候，父亲总喜欢给我讲他铁道兵岁月里的那些故事。

20 世纪 70 年代初，父亲所在的部队正在襄渝线的一条隧道奋战。

铁道兵第十八团党委全体（扩大）会议合影

襄渝铁路横贯鄂、陕、川三省，全长916千米。其沿线山高谷深、水流湍急，地势十分险峻；岩层风化破碎严重，断层、溶洞等地质复杂，崩坍及泥石流现象时有发生。那时隧道掘进缺少机械化设备，全靠战士们一锤一凿地挖。其中最重要的工序是风枪手钻炮眼，炮眼钻好后装上炸药，插入雷管和导火绳进行爆破。

一天下午，父亲和两名战友照常安放好炸药，躲进猫洞，随着“轰”的一声巨响，洞内突然陷入黑暗。父亲大喊“卧倒”的同时，把身边的战友护在了身下，大声问道：“大家受伤了吗？”得知他们没有受伤，便打开电筒，发现隧道口塌方了。这时，受到惊吓的小战友大声哭喊着：“外面有没有人？”可是，无论怎么喊，回应他们的只有一片可怕的寂静。短暂回神后，父亲安慰战友们说：“不要慌，外面肯定也在想办法营救我们，这时候我们要保持冷静。”就这样，他们被困两天一夜后，终于获救。“我们3个真是从鬼门关里走了一道，”其实父亲当时也害怕，“我们一感到害怕的时候，就轻声地唱着歌，互相鼓励，才度过了那煎熬的 40 多个小时。”父亲常说，这段经历是他一辈子难忘的记忆。

父亲所在的团还曾参与过湖北襄宜线、新疆南疆线、河北通古线、山东兖石线、山西古交线等多条铁路的修建。父亲和战友们质朴淳厚，在经济条件相对落后、物质资源匮乏、铁路建设所需的原材料和设备欠缺、修建技术落后的情况下，或手持铁锹或身背重担，顶着炎炎烈日、吹着刺骨寒风，日复一日地坚守在自己的岗位上，从不退缩。碰到紧急危险的情况，他们总是争先恐后往前冲，冒着生命危险也要保证完成任务。他们用自己的双手和汗水，铺设着国家的铁路，承载着民族的希望与梦想。

喜　报

鲜文全　同志

在一九七六年上半年学习和战备施工中成績显著，荣記三等功，

特此报喜。

中国人民解放軍

一九七六年七月一日

鲜艳父亲荣获三等功的喜报

1985 年，父亲退伍转业，组织分配他到湖北长阳土家族自治县铝材厂当副厂长，工作涉及财务、管理等各类知识，而这些都是父亲在部队里没有接触到的。面对新的挑战，铁道兵骨子里的那种“执拗”

让父亲越战越勇，他利用晚上休息的时间自学，笔记本上记得密密麻麻。经过半年多的努力，父亲熟悉了相关业务知识，工作也更加得心应手。

1996 年，父亲调任县房地产管理局党委书记。那时正值商品房购买政策改革的关键时期，父亲手中的权力也成了各方关注的焦点。父亲始终牢记一名党员干部的职责担当，面对各种“诱惑”，始终不为所动，坚持“清正做人”，对我们的要求也更加严格了。有一次，老师塞给我一包零食，想让我给父亲说说，在买房的事上帮帮忙。父亲知道后，严厉地对我说：“你怎么能随便收人家东西？我是你的父亲，但我更是一名党员干部，手里虽然有权力，但是不能滥用。”第二天，我将零食还给了老师。而那包零食，也成了我人生中一个难忘的教训，提醒我要时刻保持清醒和正直。

父亲那段艰苦卓绝的岁月和清正廉洁的精神深深烙印在我幼小的心灵中，不断地激励着我前行。父亲经常教育我说：“你们要始终牢记‘逢山凿路、遇水架桥’的铁道兵精神，不管困难有多大，也要想方设法去克服，只有如此才能造就真正的人才，今后在工作和生活中方可出类拔萃。”

2007 年，我毕业后来到中铁九桥工作，在贵州坝陵河大桥项目部负责中期计价结算和调概索赔。这个项目在与业主签订合同后不久，刚好遇到 2008 年钢材价格暴涨，项目面临材料巨额亏损风险。我们多次找业主磋商调差事宜，均以合同已签、必须履约为由被拒绝。我心急如焚，仔细翻查合同条款，找到了“材料上涨幅度过大时，甲乙双方需各承担 50% 的费用”这条对我们有利的约定。随后我赶回公司物资科找佐证材料，当看到数千张钢材原始购买发票时，我傻眼了，但是我没有退缩，回项目部按材质、购买时间逐张整理。当时项目部条件有限，复印机只能逐张扫描复印，我独自一人日夜守在复印机前，整理出了厚厚的 5 本证据册，并迅速向监理、业主递交了完整的索赔报告，监理和业主对我一个小丫头能在这么短时间提交如此完善的资料表示钦佩，最终同意支付调差款 2300 万元。

成家之后，我和丈夫常在工作之余回老家看望父母。父亲时常叮嘱我们："要踏踏实实做事，堂堂正正做人。不能收取不义之财，不可突破底线。"

2021 年，我升任海外分公司副总经理，分管劳务招标和计价结算工作。中秋节前，一家劳务企业负责人来到我办公室，一番交谈后，他突然说："鲜总，感谢你对我们工作的支持，中秋节快到了，我一个朋友是卖螃蟹的，给你带了点尝尝。"说罢，就在我桌上放了一张提货卡。"不不不，这可不行，你的心意我领了，但是螃蟹卡不能收，收了我就犯错误了，这可坚决不行。"我马上拿起卡塞回他口袋里。"哎呀，又不是很贵重的东西，你就收下吧。"他边说边从口袋里把卡又放到了桌上。"这真不行，你的心情我可以理解，但是我要是收了，性质可就变了。"我加大了说话的音量，也收起了刚才的笑容。他看我这么坚持，只好作罢。

2024 年 2 月，中铁九桥为实现多元化发展，成立了电商营销中心，让我主持工作。跟父亲当年面对的情况一样，这对我来说也是一个全新挑战，我抓住一切能利用的时间学习行业最新法律法规，掌握行业最前沿动态，不断积累经验，增强业务本领，确保思想和能力不掉队，保证工作的有序推进。

家长的教育往往可以影响孩子的一生。我们家一直重言传、重身教，教知识、育品德，帮助孩子走好人生的每一步。

女儿5岁那年，她爸爸出差带回来一个桥模玩具，女儿十分喜欢，迫不及待地撕开包装拼装起来。但是这副桥模零件共有几百个，对一个5岁的孩子来说，拼装难度着实有点大，不一会儿，她就遇到了瓶颈，准备放弃。这时，我父亲看到了，对孩子说：“不能一遇到困难就放弃了呀，要不外公跟你一起来完成？”说罢，就跟孩子一起对照说明书继续组装起来。经过3个多小时的努力，一个崭新的武汉长江

鲜艳一家五口合影

大桥模型出现在眼前。父亲对我女儿说道："你看，困难就像弹簧，你强它就弱，你弱它就强，任何事不能轻易放弃，遇到困难也不能躲着走，坚持不放弃的精神，困难肯定都会解决的！"女儿眨巴着眼睛，似懂非懂地点点头。那一刻，也许女儿还不能完全理解外公所说的话，但我相信，这次攻坚克难不放弃的经历会让她铭记于心，这个模型也将会激励着她直面人生中的风风雨雨。

如今，女儿9岁了，从内向腼腆逐渐变得落落大方。每当她遇到挫折时，我和她爸爸就会教导她勇敢面对困难，相信自己，一定能做到。我经常给她讲述外公的故事，让她了解家里长辈们是如何在艰苦的环境中攻坚克难、艰苦奋斗的。这些故事让女儿对家规有了更深入的了解，久而久之，她遇到问题都会学着先自己解决，从当初想放弃主持人兴趣班到主动钻研、越来越自信。在中铁九桥举行的一场庆六一联欢会上，她担任小主持人，以流利的语言、生动的语气串联了整场联欢会，赢得观众的阵阵掌声。我相信，在家规的影响下，不管她今后从事什么行业，也一定能为自己的人生描绘更加绚烂的色彩。

家风是社会风气的重要组成部分，对企业营造良好的政治生态具有重要作用。我必将把"艰苦奋斗，攻坚克难，清正做人"的家规代代传承下去，成为我们家族永不磨灭的精神图腾。

勤学善思 勤勉敬业 勤廉务实

——中铁九桥齐晓敏“践行三勤”的好家规故事

我叫齐晓敏，是中铁九桥九江公司的总工程师。中国人历来重视家风家教，这也是中华优秀传统文化的重要组成部分。我有一位十分重视家风家教的母亲，常年从事教育工作的她给我们家定下了“勤学善思，勤勉敬业，勤廉务实”的“三勤”家规。得益于家规的熏陶和母亲多年的言传身教，我们一家三口都收获了属于各自的“成功”与喜悦。

母亲邓从英出生在湖北荆州一个叫荆干的小村庄，家里兄弟姐妹4人。外公、外婆都是普通的农民，家虽清贫，但他们用自己的勤劳和智慧，靠着几亩土地，养活了一大家人。母亲延续了他们的勤劳和智慧，学有所成，当上了小学教师。她最看重养德修身、为人师表，一生教书育人十九载，桃李满天下。

母亲总是把工作看得比什么都重要。在我上小学的时候，母亲经常让我自己先回家写作业，而她却常常是夜幕降临之后，才伴着月光回家给我做饭。年幼的我因为害怕、饿肚子而哭闹，抱怨她“偏心、只爱学生不爱我”，她时常摸着我的头跟我说：“我不仅是你的妈妈，也是孩子们的老师，我要对得起他们叫我一声‘老师’。”原来，她是给那些暂时成绩落后的学生留堂辅导和家访去了。

当时，母亲班里有一个叫玲玲的女学生。她性格乖张、上课纪律松懈、经常逃课、成绩很差。母亲发现后经常给她送文具、送课外书，有时还带她回家一起吃饭，对她的学习和生活格外关心，经常和她谈心。同学和邻居常对我开玩笑说："玲玲才是你妈的孩子，晓敏你是捡来的吧？"听到这些，我心里非常委屈，回到家跟母亲发脾气。母亲跟我说："晓敏，每个学生都是我的孩子，一日为师，我就要对他们的终生尽责，你要理解妈妈、支持妈妈。"后来我得知玲玲的父亲因病去世、母亲改嫁，和爷爷奶奶相依为命的她失去了奋进的人生目标，而老师便是她唯一的指路明灯。即使在她小学毕业以后，母亲也一如既往地关心和照顾她，最终在母亲的影响和帮助下，玲玲考上了大学。

齐晓敏与母亲

随着年岁渐长，我逐渐理解了母亲作为教育工作者的敬业和付出。她不仅要在课堂上传授知识，还要付出大量的时间和精力去关心学生的成长成才。

在母亲的教学生涯中，"一支粉笔、两袖清风"诠释着师者如光、微以致远的品质。1998 年的夏天，那场百年一遇的洪灾给许多人留下了难以磨灭的印象。为了将周边地区的损失减到最小，政府决定将我们村对面的公安县作为泄洪口，公安县村民的安置问题交给了我们村，成了我们村的大难题。母亲自告奋勇地提出："把我家作为安置点，不仅可以保障灾民的生活，我还可以辅导灾民孩子的学习。"那段时间，母亲几乎每天天不亮就起床准备安置点灾民的早餐，天黑了还要批改孩子们的作业，准备第二天的课程，一直是那个最早起、最晚睡的人。但看到孩子们认真学习的劲头和灾民们脸上渐渐泛起的笑容，她感觉所有的疲劳都烟消云散了。让我记忆深刻的是，不管是灾民们感谢母亲的礼物，还是学生家长送给母亲的东西，她都坚决拒绝或设法退还。

齐晓敏母亲（右四）在学校

常年的耳濡目染，让我深受影响。母亲用自己的行动诠释了教育工作者的责任和使命，为我树立了勤勉敬业、勤廉务实的榜样，提出了勤学善思的要求，这些品质对我和我的小家产生了深远的影响，成为我人生道路上的宝贵财富。

2005 年，我大学毕业后来到中铁九桥工作，遇到了志同道合的另一半，并在 2007 年组建了我们的小家庭。我也将“三勤”家规分享给了我的丈夫，用它来约束和激励着我们。这些年来，我和丈夫在兢兢业业、勤勉务实工作的同时，始终坚持向书本学、向同事学、向工人师傅们学；坚持积极探索产品和技术创新，以科技引领企业发展，终于双双成了公司技术领域的骨干。我从车间技术员、一线项目技术负责人成长到现在的分公司总工程师，丈夫也从一名技术员成长为了公司桥梁技术研究院钢桥安装研究分院院长。

工作当中，面对各种超大截面钢塔节段、超大异型构件的制造拼装，我经常带着攻坚专班，反复摸索创新、攻坚克难，在保证项目时间节点的同时严格保证项目质量。2022 年，中铁九桥承接巢马城际铁路马鞍山长江公铁大桥钢塔制造任务。这是当时世界上最大跨度的三塔斜拉桥，中塔塔高 345 米，堪称“桥梁钢结构真正的天花板”，作为九江基地钢梁制造分厂的总工程师，我责无旁贷地承担起了该项目技术负责人的重任。这是中铁九桥也是我第一次承接长江上特大钢塔的制造，其中钢塔总拼和安装的关键在于壁板和肋板的对齐匹配，错台量不能超过 1 毫米。外塔壁板内外采用熔透焊接，加劲肋板间采用栓接，结构复杂，制造、拼装、焊接要求特别高，在项目前期方案讨论时难点重重。为了攻克这个高难度的“庞然大物”，我带着攻坚专班团队反复研究、研讨、核算，着实下了一番苦功夫，也贡献了不少“大智慧”。我始终坚信“只要肯学肯钻，善于思考，就没有啃不下的‘硬骨头’”。经过层层调试、整改，在成功验收的那一刻，看着工人们对着我竖起的大拇指，我感觉所有的坚持都是值得的。

我和丈夫工作性质相同，既是生活中的伴侣，事业上又相互理解和支持。记得2016年，我任四分厂技术主管时，工作极忙，工作压力大，很难休息放松。一个周末，丈夫坚持要一家人到郊区放松放松，但临行前，我接到厂里来的电话，有一个技术问题急需赶往现场处理，我边接电话边看了丈夫一眼，他“秒懂”，马上调转车头，把我送到施工现场。抵达现场后，顾不上车里的家人，我戴上安全帽就爬到了钢梁上分析问题原因，制定解决措施。下钢梁时，不小心扭伤了脚踝，疼得站不起来，到医院检查后发现脚踝骨裂，需要卧床休息。只休息了一天，我在家就待不下去了，放心不下现场的进度和质量，丈夫体贴地给我找来一副拐杖，每天按照我的作息时间接送我上下班，这种默契和理解，是夫妻之间深厚的感情和信任的体现，让我更有底气面对工作挑战。

作为技术管理者，工作中我难免会遇到被要求“行方便”“开绿灯”的情况。每当这时，母亲用家规在我心里设置的“勤廉务实”底线总能让我保持冷静和理智。记得在公司的一个城市钢箱梁项目中，一个施工负责人为了节省成本和加快进度，带着礼物来找我，希望我能修改装饰板的焊接方案。他提议将连续焊改为间断焊，声称这样既省钱又不影响美观。我拒绝了他的礼物，告诉他每个方案都是经过团队严格讨论和验证的，随意改动可能影响项目质量和安全。那个负责人见我态度坚决，便不再强求，离开了办公室。最终，我们按照既定方案顺利完成了项目，质量也达到预期要求。

家规对我和丈夫影响深远，让“家”的结构支撑体系越来越强，屹立不倒。我们也非常重视对儿子的教育引导，作为中铁九桥“六廉”

家庭的代表，我常对儿子讲起“三勤”家规和“廉敬”理念的相通之处，潜移默化中，家规的种子也在儿子心中生根发芽、茁壮成长。

齐晓敏一家三代户外游

虽然工作很忙，但为了给孩子树立正确的人生观、价值观，我们一有时间就给他重温家规，让他在潜移默化中理解家规的真正含义。他学习刻苦、善于思考，2023年如愿考上了九江第一中学。他勇于尝试新事物，始终保持着对知识的渴望和对梦想的追求，在家经常主动分担一些力所能及的家务事。我和丈夫下班回家后，他总问我们忙不忙、累不累，有时帮我们揉揉肩、捏捏腿，饭后也总是抢着去洗碗、拖地。看着儿子成长为一名善良孝顺、自立自强的好孩子，我想，这就是家规的力量吧。

不受曰廉　不污曰洁

——中铁工服武汉城“清心洁行 公正无私”的好家规故事

我叫武汉城，是中铁工服科技分公司物资管理部的一名普通干部。“家庭是人生的第一个课堂”，家庭教育涉及很多方面，但最重要的是品德教育，是如何做人的教育。也就是古人说的“爱子，教之以义方”。

我的老家在四川达州的一个小山村。我出生后，父母常年在外打工，爷爷早已去世，奶奶年纪大了，身体也不好，因此，我自幼便住进了隔壁村的外公外婆家，直到外公因病去世，那一年我 8 岁。外公家是我的“第一个课堂”，外公顺理成章地成了我的“第一任老师”。也正是在外公的影响下，廉洁的种子，在我幼时尚不懂事的时候就悄悄埋进了我的心里，并随着我的成长，生根、发芽，慢慢长大。

外公生于 1933 年，是一位普通的农民。他那个时代出生的农村人，大多读书识字的时候学的都是《三字经》《弟子规》这些。外公喜欢读书，有一点书生气，闲暇时候也喜欢翻阅书籍。因此，他学到了“不受曰廉，不污曰洁”这句话，并把它作为自己的座右铭一直践行着，也把它作为家规传承了下来。记得小时候，外公有一本牛皮壳的记事本，也是他工作时开会的本子，第一页就是外公亲手书写的“不受曰廉，不污曰洁”几个字。

外公识文断字，为人正派。因此，20 世纪 90 年代，他还当着村里的支部书记。那个时候，他常常在聊天时对家里人和村里的乡亲们说“不受曰廉，不污曰洁”，我那个时候还小，不太懂得这句话的含义。但有一些事情却给我留下了深刻的印象，至今还持续地影响着我。

有次小学放学回家的时候，长我几岁的大舅家的儿子、同样上小学的表哥，变魔术般拿了几根棒棒糖出来，分享给兄弟姐妹们吃。外公看到了，觉得很奇怪，在那个几乎没有零花钱的年代，棒棒糖是怎么来的呢？原来，表哥是班里的班长，负责监督同学们背诵语文课文，有一位同学背不下来，按当时的要求进不了教室，同学用几根棒棒糖作为回报给了表哥，表哥就放了水。外公知道事情原委后，虽没有打骂，但却让表哥在大门口外站着，一直到晚饭时才放他进来。还在饭桌上教育我们说，做人要守规矩，处事必须公正严明，不能贪图小利、徇私枉法。

还有一次，村里有两户添丁的人家先后在夜里提着鸡蛋、腊肉和糖果等上门找外公谈分土地的事情。当时，村里如果有人出嫁或者去世，按规定，包产地是要一并退出来由村里统一分配给添丁人家的。刚好，前不久有一位姑娘出嫁退回了几块土地，这两户人家都希望自己多分一点，但没过一会儿都被外公赶走了，把我们这些小孩子馋得不行的糖果也被外公一并退回。最后，外公坚持公平公正，在全村人的见证下，平均分配了这几块土地。外公的一生虽然没有惊天动地的壮举，但他的言行却深深影响着我，教会我如何做一个诚实守信、廉洁自律的人。对于他常说的“不受曰廉，不污曰洁”这句话，我直到中学时期，有次利用上网的机会查询了一下才知道，这出自东汉著名学者王逸所作的《楚辞·章句》，意思是说不接受他人馈赠的钱财礼物，不让自己清白的人品受到玷污，就是廉洁。作为家规，这句话时刻提醒我要做一个清清白白的人。

清风徐来，水波不兴。我想这便是廉洁的力量。它不张扬，不喧哗，却能在人心中激起层层涟漪，涤荡尘埃，净化心灵；它也如一盏明灯，照亮前行的道路，指引我们走向正义与光明。

武汉城家的全家福

我的父亲和母亲都继承了外公的遗风。他们因没有上太多学而遗憾，对我和妹妹的期望和要求也高了很多，他们会用自身的言行教会我们课本中和生活中的一些哲理，教育我们要行得端、坐得正。

外公去世后，我随着打工的父母到了福建泉州继续上小学。在此期间，父亲在一所民办职业学校当过一段时间的环卫工。因为他平时干活认真努力，在学校二次扩建的时候，校长让父亲去监督现场施工进度。有一天晚上，父亲对母亲和我说，昨晚挖掘机老板塞给他一个红包，让父亲多签认几个台班。母亲当时很紧张地问道："收没收？"父亲说校长对他十分信任，平时工作当中也很关照，再加上外公在世时长期的教诲和给大家立的家规，他当场就直接拒绝了。母亲听完长舒了一口气。

念中学的时候，我跟随父母回到了四川老家。当时，国家大力扶持农村建设，对每家每户房屋前混凝土浇筑的院坝都有补贴减免。我们家的院坝刚好在政策出来前一个月建好，享受不了。一天中午，有人到我们家来，告诉父母，如果想要补贴减免，他可以帮忙处理，但要拿走三分之一的补贴。听到这里，父母直接拒绝了，还说教了他一顿。我亲眼看见了这一切。这件事也给青春懵懂的我留下了深刻的印象。

在农村，妯娌之间难免吵架，但母亲有一颗包容的心，经常告诫我们，父辈之间的事不要参与，你们是晚辈，是念过书的孩子，见到叔叔婶婶，该喊人的还是要喊人，不能因为大人之间的矛盾影响下一代人。小时候还不曾体会母亲这话的意思，认为只要是和父母亲不合的，就应该是“敌人”。直到有一次父亲不小心摔伤了脚，在医院做手术时，家里长辈都来看望，甚至是一向不合的二伯也提了水果来，虽然二伯只是和我交代了几句“要照顾好你爸”之类的话，但是那一刻我明白了母亲教导的深意。

每逢春节，家里总会收到一些亲朋好友送来的礼物。然而，贵重的礼物父母从来不收，也总是教导我们要懂得礼尚往来，更要懂得拒绝。他们常说：“清廉是福，贪腐是祸。”在这样的家庭环境中长大，廉洁的价值观早已成为我内心深处的重要部分。它不仅影响了我的个人行为，也塑造了我的人生观和价值观。大学毕业后，我入职中铁工服，接触到了“六廉”文化，尤其是“廉法”，其“清心洁行、公正无私、赏罚分明、谦恭大义”的核心要义，更是给我深深的触动，这和外公留给我们的家规十分契合。

在人生的旅途中，诱惑无处不在，它们如同暗夜中的幽灵，悄无声息地侵蚀着我们的意志。面对诱惑，坚守廉洁的原则显得尤为重要。廉洁不仅是个人品德的体现，更是职业操守的核心。

武汉城的女儿和父母

2020年，我就曾面临过一次这样的考验。当时我在一个地铁项目负责采购工作。有一家供应商私下向我提供回扣，条件是我在采购决策中偏向他们，并且把厚厚的一沓现金，估计至少有2万元，放在了我的面前。当时父母已经回家务农，我还有一位上小学的妹妹，父母花光了大半辈子的积蓄在老家县城买了一套房，说以后给我娶媳妇用。平时家里的经济条件本就不是很好，我一直努力工作，就是希望能够帮家里减轻一点经济负担。2万元，差不多是我3个月的工资了，对我来说是一个不小的诱惑。那一刻，我的内心激起了波澜，心跳突然加速，大脑短暂性的空白，说实话，心里还是有过一丝拿走又如何的想法。我深吸了几口气，努力使自己保持冷静，我回想起了外公常说的“不受曰廉，不污曰洁”，回想起了父母一直以来的培养教育，一下就清醒了过来。我知道，一旦接受，就意味着背叛了自己的职业道德和廉洁准则。我深知，一旦失去了诚信和廉洁，我将失去领导同事的信任、职业的尊严，甚至是自尊。最终，我拒绝了供应商的提议，坚持了公正透明的采购流程。

此后的工作中，我也始终坚持本心，清正廉洁，主动拒收礼品礼金，对不能退回的登记上缴，一直坚持公平公正做事、正大光明做人。清清爽爽的感觉真好！

武汉城一家三口

廉洁的重要性在于，它能够帮助我们在复杂的社会环境中保持清醒的头脑，作出正确的判断。一个廉洁的人，会在工作中展现出高度的责任感和使命感，决策和行为会以公司和公众的利益为重。这样的职业操守，不仅能够为个人赢得良好的声誉，也能够为所在的组织带来长远的发展。

我始终铭记家规，以廉洁之心，行正直之事，走光明之路。我也时常教育我的爱人和孩子，让她们都能成为廉洁的践行者。妻子在工作中廉洁自律，得到了领导同事的认可；孩子对其他小朋友手里的新奇玩意也从不艳羡，让我们很省心，也很自豪。

这就是我的“好家规”故事。我希望这条家规能够一代一代传承下去，更希望每一个人在面对诱惑时，都能够坚守廉洁的准则，以廉洁为荣，以诚信为基，共同营造一个清正廉洁的社会环境。

家和万事兴

——中铁工服吕玲“孝慈仁爱 和谐包容”的好家规故事

我叫吕玲，是中铁工服经营开发中心的一名普通干部。尊老爱幼、妻贤夫安、母慈子孝、家和万事兴等中华民族传统家庭美德，是支撑中华民族生生不息、薪火相传的重要精神力量，是家庭文明建设的宝贵精神财富。而我家恰好就有这样一条家规，它就是“家和万事兴”。这条家规也与中铁工业“六廉”文化当中“廉善”所蕴含的“孝道仁义、善良恭谦、和谐包容、正心诚意”的内涵一致。

在我的记忆里，爷爷家有一本深蓝色的线装族谱，封面是“吕氏族谱”四个大字，翻开扉页，映入眼帘就是“家和万事兴”这句家规，继续翻看就是从先祖到我这一辈儿所有族人的信息。

那时的我还很小，族谱上认识的字就是“吕”字了，但我知道这里面的名字都是我的家族亲人。童年最明媚的记忆，就是闲暇的时候，爷爷拿着他的小茶壶，戴上他的老花镜，让我们姐弟几个坐在已被磨得光滑的门槛上，跟我们翻讲族谱里的人和事。爷爷会讲我们的族谱是从清道光年间就有了，吕家是从何时何地迁来这个西南的小山村，是如何在这安了家扎了根，他们是怎样度过那段吃不饱穿不暖的日子，我们的亲族到现在有几支，每支都有谁，都在哪里……他那温和有力的声音和卷了边的族谱也就是在那时起铭刻在了我的脑海里。

吕玲家庭合照

我出生的时候爷爷和奶奶都已年近 60，因生养劳作，奶奶身体亏得厉害，自我记事起便是经常咳嗽，药不曾断过。当时爷爷的土地都分给了儿子们耕种，自己侍弄了一园小菜，养了一头种猪，通过为周边村落人家的母猪配种换取一些收入，而这些微薄的收入，都被爷爷在每次赶集时去帮奶奶买了药。爷爷会在奶奶咳嗽时递水送药，在奶奶干活时帮个下手，在奶奶絮絮念叨时他会笑盈盈地附和，奶奶说想吃某样东西后他就魔术般地变出来。在我的记忆里，爷爷奶奶从没有过什么争吵。奶奶也会经常帮着爷爷切猪草、一起烧火做饭，并在爷爷记账写字时坐旁边缝补衣裳。他们的言语并不多，尽是朴素自然却又相濡以沫的日常。

在我大学毕业那年，奶奶去世了。奶奶离开后，爷爷的话就更少了，5 个子女不想爷爷孤单，都想要爷爷跟着自家一起生活，不过爷爷都拒绝了。他习惯住在和奶奶一起生活多年的老屋，习惯了自己做事、自己动手，只要还能行动自如，他都不想给子女添麻烦。谁家做了好菜都会叫爷爷去吃，或是指派孙辈们端上菜去老屋陪爷爷一起吃。每当听到亲人的呼唤，爷爷满是皱纹的脸上总会绽放出最灿烂的笑容。

我深知父母对长辈的态度和言行，是源自爷爷奶奶的相濡以沫和身体力行。父亲希望我以后也能学会尊重孝敬老人，在我后来结婚成家之时，他还不忘提醒我要好好孝顺公婆。

我的父母都是地地道道的农民，他们用勤劳的双手撑起了我和妹妹的生活，他们的一言一行都深深影响着我们。小时候家里不富裕，难得吃回肉，经常吃的是辣椒拌饭，但是人穷志不短，父母打工、种地，

吕玲夫妻带孩子过节回家看望父母

不论严寒和酷暑，他们始终默默打拼着，为的就是给家人更好的生活。对此，父母从来没有怨天尤人，他们用自己的双手去改变生活，用他们的勤劳换来生活质量的逐步提高。尽管现在我已经工作，家里条件较以前好了很多，但是年近60的父母却仍然不肯享受，一如既往地劳作着。

父亲为人耿直，母亲为人和善，他们人缘都很好，常帮助村里邻居，周济遇难之人。邻居们需要帮助的，不管是跑腿出力还是针头线脑、借钱借物，他们从来都是不遗余力，能帮钱就帮钱，能出力就出力。父母常对我说：“别人遇到难处了，如果自己有这个能力，说啥也得帮一把，都不容易。”“帮助他人就是帮助自己，生活中谁都会摊上事。”

叔伯几家20来口人，兄弟妯娌之间免不了会有些争论摩擦。“你家养的鸡把我家菜叶子都啄光了”“分家时你家分了缝纫机我家没有”，等等，这都是我从婶子们的聊天中听来的。小吵小闹来得快去得也快，偶有争吵得厉害时，爷爷奶奶和父母必然是要到场调和的，总是尽力把嫌隙消除，不伤了一家人的感情。“家和万事兴”就是他们常说的口头禅。逢年过节，叔伯一大家子人始终会团聚一屋，摆两桌当时条件能做出的最丰盛的吃食，边吃边聊天。我记得有一年的除夕，一大家人在大伯家团年，生了几个炉子煮火锅，我们一边吃一边听着长辈们聊天，偶有的不愉快也借着欢聚一堂都趁机摆出来说开了去，节日的烘托下氛围分外的轻松，那一刻我真切体会到了爷爷时常挂在嘴边的“家和万事兴”为什么又成了父母的口头禅，这大概就是家规的传承吧！至今，我仍记得那晚的火锅特别香，青菜特别好吃，家的味道特别浓厚。

一个渴望知识的家庭，会更加和谐与稳定。爷爷是读过一些书的，因此，爷爷在村里当过很长一段时间的会计，也练就了一手好字。他对读书非常看重，在当时的小山村里少有人家送孩子去读书，一是没有钱，二是家里的地还要人种，但是他会尽最大的努力送叔伯和父亲去上学，哪怕是伯父们年纪已大，也去学了些时日。用爷爷的话说就是“不求一定要学出个什么名堂，起码要识文断字，不至于什么都不懂”。父亲算是他那一辈书读得最好的，只是最终没能考上大学，这是父亲的遗憾也是爷爷的遗憾，但他们对教育的重视从没变过，于是读书的希望又传递到了我们这一代。

吕玲一家四口

从小学开始，母亲每天早上天刚亮便会叫我起床，让我端着小板凳抱着语文课本在门口大声朗读，直到她做好早饭。我非常感谢小学这几年的晨间朗诵，让我的语感和阅读理解能力比较扎实，普通话的水平也有较大提升。从小到大，父母一边让我干着农活一边告诉我，读书是我们农村女孩最好的出路。父母并没有因为我是女孩子和上学就免了我的割猪草、掰玉米、收水稻、挑水等农活，更是有意让我经历体验。割破的手指、勒红的肩膀，让我清楚意识到读书才是改变命运的正途，也让我成了我们村第一个大学生。

家规就像是一盏灯，照亮了我前行的方向。现在，我也有了自己的小家，成了两个孩子的母亲。我希望我从家中长辈身上学到的，也能潜移默化地影响我的孩子，帮助她们迈好人生的每一步。

在我们的小家里，“家和万事兴”就挂在客厅的墙上。我们深知孩子的榜样就是父母，要求孩子做到的自己首先要做到。我们会与父母每天通个电话或者视频，逢年过节给父母送上节日礼物，小长假带着孩子去陪伴父母，感受亲情。我们夫妻在工作中互相支持、生活上互相关心，给孩子营造了温馨有爱的家庭氛围。我们也十分重视对孩子道德品质和读书习惯的培养，经常带着孩子锻炼身体，每晚都有绘本共读，德育、智育、体育相结合，两个孩子虽然只有 5 岁和 3 岁，但大宝已懂得照顾妹妹并承担力所能及的家务，会争着包饺子、扫地、洗锅、刷碗等，是家里贴心的小棉袄。我们善待左邻右舍，相互帮助，常与邻里老人聊聊天，耐心地听他们诉说自己的家长里短，周末也会与邻居相约，一起组织户外遛娃活动，邻里关系非常融洽。

家是最小国，国是千万家。和谐、和睦、和气让我的家庭充满了温馨和愉悦，以爱为根，以和为贵，让每个家庭成员如沐春风。即使遇到再大的风雨、再大的困难我都不会退缩，因为我知道，在我身后，有一个伟大的祖国和和谐的小家在支撑我。

诚信做人 认真做事 精益求精

——中铁环境邹宇林“三代传承”的好家规故事

我叫邹宇林，现任中铁环境副总工程师、中部（东部）大区指挥部总经理。我先后从事了物设管理、技术管理、装备制造、区域市场管理等工作。无论在哪个岗位，我始终坚持“诚信做人，认真做事，精益求精”这样一句话，因为这是我家的家规。

诚信做人，用行动践行承诺。在我的家里，有这么一些珍贵物件，如“优秀共产党员”荣誉证书、“献身邮电30/35周年”纪念奖章以及各类电工、钳工技能学习书籍，都是爷爷留给我们家的宝贵财富，一直被珍藏至今。

抗日战争和解放战争时期，怀揣着对党的向往和追求，爷爷毅然决然地选择了投身革命事业，作为长沙电信局的一名投递员，也是一名地下交通员，很好地完成了传递组织命令、情报等各项机要任务，还破解过敌方机要电报。“决不泄漏组织的任何秘密”，这是他作为交通员对组织作出的郑重承诺。

小时候，听爷爷讲，当时局势混乱，干革命工作危险重重，经常是九死一生。他先后被日军和国民党逮捕，在牢房中面对敌人的严刑拷问，承受着肉体和精神上的双重折磨，但他凭借坚韧的意志、对党的忠诚，从未透露过组织的任何秘密，决不向敌人低头。他始终坚持诚信做人的原则，用他的话说：承诺不是一句话，说到就要做到。听爷爷说，他把机要投递工作当成一个事业、一种信念、一种责任。受组织安排，他时常要参与时间紧、任务重的异地机要保密传递工作，一出门有时候几个月才回家，但他以高度的责任感，积极履行好自己的职责。

1949 年 7 月，他光荣地加入了中国共产党，始终坚守诚信做人的原则，从不计较个人得失，总是把党的利益和群众利益放在首位。他把按时足额交纳党费作为一项最基本的义务，每当提起党费，他的眼中总会闪烁出别样的光彩。爷爷曾说过：“交纳党费是党员的义务，无论有什么困难，只要我走得动，就必须亲自把党费足额交给党组织。”爷爷是这么说的，也是这么做的。我听父亲说起，有一次，奶奶生了一场大病花了很多钱，家里的孩子也要上学，积蓄已经所剩无几，生活变得异常艰难。然而，在这种情况下，爷爷依然没有忘记交纳党费，他省吃俭用，每次都足额交纳。他说，党费不仅仅是一笔钱，更是一份责任和使命的象征。这一交就是 75 年，一次都不曾落下。

邹宇林爷爷的党费证等

2005 年 7 月，在我即将走入社会、奔赴工作岗位的前一天晚上，我和爷爷坐在院子里乘凉，爷爷拉着我的手，语重心长地对我说："宇林，你马上要参加工作了，也快要成家立业了，你以后走上社会要记得，不管遇到什么事，首先要保证一点，做人啊，要讲究诚实守信，不管以后做什么，和任何人相处，都要这么做。"爷爷的再次强调，更加坚定了我把"诚信做人"作为工作生活原则的信念。

认真做事，以坚守履职尽责。受爷爷的影响，我父亲也加入了邮电事业，成了一名邮电工人。在平凡的岗位上，他始终坚守初心，保持认真做事的工作态度，数十年如一日奋战在车间一线，用行动传承了我爷爷教他的做事态度和风格，得到了同事的一致好评和单位的表彰。

记得有一个周末的夜晚，家里的书房灯光明亮，我坐在书桌前准备复习功课，而父亲则坐在一旁，手中翻阅着一些关于电镀技术的资料。我抬头看了看他，他专注的神情让我感受到了他对工作的热爱与执着。我忍不住好奇地问："老爸，你每天这么忙，车间里一大堆活，你又要干活又要学新技术，累不累啊？"

父亲抬起头，微笑着说："儿子，累是肯定的，但每当我看到我们的产品因为技术的改进而变得更加先进，我就感到非常满足和自豪，这是你爷爷教我的。"我觉得这就是父亲对家规家训的一种传承吧！父亲总是认真做事，孜孜不倦地进行学习，不断钻研技术，提升自己的本领和能力，因为他知道，时代在发展、技术在进步，只有不断学习才能跟上时代的步伐。

记得那是1990年的夏天，我那时候上小学，由于父亲晚上要加班，已经离休多年的爷爷也正好在车间指导徒弟解决技术问题，母亲让我给父亲和爷爷送饭。伴随着机器的轰鸣声和金属的撞击声，我沿着熟悉的走廊，来到了爷爷和父亲工作的电镀车间。我依稀记得，我走到爷爷身边时，他正全神贯注地盯着徒弟制作一个即将完成的电镀件，脸上带着一丝不容许有任何瑕疵的认真。我轻声唤道：“爷爷，我来给您送饭了。”他抬起头看了我一眼，示意我先把饭放在一边，便继续忙碌起来了。我来到父亲身边，父亲也没时间理我，把我晾在了旁边老半天……

精益求精，以执着铸造精品。一次偶然的机会，我去父亲的车间找他商量事情。在车间寻找父亲时，墙上挂着的一些邮电二厂的老照片和荣誉证书，特别是其中的一幅“精益求精”的书法作品吸引了我。刚好爷爷忙完看到了我，就兴致勃勃地给我介绍起厂房的事，他说：“孩子，邮电二厂是生产通信设备的，每一件产品都关系到广大民众和各机关单位的通信畅通。我是技工，你爸是电镀工，生产环节中对结构件加工精度和金属表面处理质量控制要求极高，不能有丝毫马虎。这个‘精益求精’既是企业对工作的要求，也是我一直以来追求和坚持的工作态度。”从此以后，我对精益求精有了更深的感悟。

邹宇林和爷爷的合影

“诚信做人，认真做事，精益求精”的家规始终提醒着我，要勤勉敬业、恪尽职守，要以认真负责的态度对待工作中的每一件事。2018 年至今，在中铁环境工作期间，无论是负责物资管理还是担任装备分公司总经理，我都坚持按照家规家训从严要求自己，积极学习和消化吸收国内外环保设备技术，带领团队成员共同努力，推进装备制造实现从 0 到 1 的突破，全面实现了产品生产由委托制造向自主制造的重要转变。2021 年至 2023 年，我带领团队克服高原高寒缺氧等恶劣环境，积极发挥党员模范带头作用，多次奔赴高原铁路开展环水保治理机电工程各项工作，圆满完成了组织交办的各项任务，为企业赢得了多家业主的赞誉，收到多份工程局指挥部发来的表扬信，在雪域高原成功擦亮了中铁环境企业品牌。

邹宇林与家人合影

在历史的长河中，家规如同璀璨的星辰，闪耀着智慧与道德的光芒。“诚信做人，认真做事，精益求精”，这句看似简单却蕴含深刻哲理的家规，承载着三代人对家庭教育、家庭成员行为约束的一致认同，成为我们立身行事的准则，它也将伴随着家族的延续得以不断传承。

传承红色家风 汲取精神力量

——中铁重工许延巍“七代行医 世代为民”的好家规故事

我叫许延巍，是中铁重工机械分厂的一名班组长。我出生在一个中医世家，从小在充满草药味的环境下长大，我家的家规是：“居家不可不俭，待人不可不仁德，出行在外，但行好事，莫问前程，爱国爱民在心中。”如果用一个字来概括的话，那就是“善”字，即仁爱道义，这与中铁工业“六廉”文化中的廉善之“以人为本、善待群众”的为民情怀内涵高度契合。我祖辈都在以实际行动践行着家规，尤其是我的曾祖父，更是有一段给红军治病的传奇故事。

1906 年 10 月，我的曾祖父许子珍出生在湘鄂边界五峰县清水湾，儿时读了 7 年私塾，13 岁随其曾祖父学习中医，后在家中开了一家药铺行医。1930 年的 4、5 月间，红四军在湘西、松滋等地与地方武装连续作战，消耗极大，急需休整。同年 5 月 30 日，在军长贺龙的率领下，红四军经罗家坡到达清水湾。

当时，正是我曾祖父喜得头子的第三天，按当地习俗叫“洗三”，要放鞭炮答谢送子的“观音娘娘”。这天上午10时许，曾祖父喜滋滋地提着一挂鞭炮跨出家门，正要点火，突闻湾里人声惊嚷：“有兵来啦，快跑哇……”曾祖父抬眼一望，只见远处山岭上下来一支身着杂色服装、荷枪实弹的队伍，索性上前一探，他看到前面打的旗号是“工农红军”，旗面缀有镰刀锤头，知道是红军来了。他听说过红军只打土豪，不伤百姓，也就不怕了，干脆把为“送子娘娘”准备的鞭炮全点了，既感谢了“送子娘娘”，又迎了红军。一阵鞭炮响过，这支军装颜色虽不统一但整齐有序的队伍，已然来到曾祖父家门口。

当时，贺龙身着布衣，打着绑腿，穿着草鞋，在行军途中受了暑热，两颊发红。凭着“老中医”的眼力，曾祖父判断眼前此人必是长途积劳，急火攻心，随即把队伍迎了进来。于是，许家药铺的板壁瓦屋便成了军部驻地。勤务兵在堂屋药柜前用门板为贺龙支了个铺，随队军医看曾祖父郎中模样，便问到可有当归，曾祖父答：“当归中的上品是陕西出产的秦当归，但药片较小、药性慢；四川出产的川当归品质稍逊，但药片大、药性快，您要哪种？”贺龙一听，没想到这个20几岁的毛头小伙对药材如此精通，便呵呵笑道：“看来你是年轻的‘老中医’呀，快给我看看。”曾祖父自不认得贺龙是谁，但秉着医者仁心、治病救

“红军医生”牌匾和许延巍曾祖父使用过的药柜

人的职责，便分外用心地切脉问诊，小心谨慎地开了一个药方，又亲自把药煎好。贺龙喝完药后，第二天早上便见了药效，精神渐爽，胃口大开，又叫曾祖父开了一服中药。两服药喝完后，贺龙的病就全好了。这一下，许郎中的名声可在部队里传开了。一时间，登门求医的伤病员络绎不绝。

红军这次来清水湾，抬了十几名伤员。红军有医无药，不少伤员伤口都未洗血，看着士兵们痛苦的表情和溃烂的伤口，曾祖父心中五味杂陈，既心疼又心急，只想尽快帮他们减轻痛苦，随即便用祖传的药方配制草药为伤兵治伤，当时不管是谁、不论何时，曾祖父都亲自治疗、亲自敷药，有时为了便于观察病情，还经常连夜守在伤员身旁，照顾起居。不几天，十几个药屉子都唱了“空城计”，曾祖父便又亲自上山采来草药配制，忙得团团转。说来神奇，一剂剂草药一贴，红军战士都说不疼了，连续治疗6天，红军十几副担架竟“丢去”了一大半，曾祖父也露出了欣慰的表情，这大概就是爱国爱民在心中的体现吧。

曾祖父和贺龙经过一段时间的来往，渐渐熟络起来。一次，两人聊起曾祖父刚出生的儿子，曾祖父萌生了一个念头：“我的儿子有福气，才做‘洗三’就遇贵人，请军长给他取个名字吧！”贺龙高兴地说：“好！我来给你儿子取个名字！”说着，拿起曾祖父开处方的毛笔，在处方笺上写了6个大字：“建国、建军、建华”，又喊来身边的部下询问道：“你看这3个名字哪个好？”部下斟酌了一下，说：“‘建国’好，我们革命的目的就是推翻旧中国，建立新中国嘛！”“好，就叫许建国！”贺龙一锤定音。随后又亲笔为曾祖父签发了一张委任状，上书：“兹委任湖北五峰许子珍为红军医生，此令。”还盖上了自己的印章。

后来，曾祖父的二儿子、三儿子出生后，他相继用贺龙为头子取的备选名命名为“许建军”“许建华”，既借“贵人”之福，又寄托对贺军长的怀念之情。

时隔多年，这段往事在我的家乡依然广为传颂。但是曾祖父为贺龙看病的事情，我的长辈们却从不主动宣传，曾祖父曾说过：“为军长看病跟为普通人看病是一样的，都是医生本职，也都是家规使然。”正是这种言传身教，将“居家不可不俭，待人不可不仁德，出行在外，但行好事，莫问前程，爱国爱民在心中”的家规深深扎根在我们后辈的心中。

曾祖父（居中许子珍）与四个儿子（左一许建军、左二许建国、右二许建华、右一许弟瑞）的合影

新中国成立后，曾祖父成了乡公社卫生院的医生，同时也是村里的“赤脚医生”，全心全意为乡邻治病救人。一生躬耕杏林的曾祖父于 1991 年 1 月 7 日去世，而他的传奇故事一直流传，教育着后辈，激

励着世人。

1984 年，贺龙元帅的女儿贺捷生为了追溯其父亲的经历来到了五峰县。同年 11 月初，解放军原总参谋部宣传部副部长、《贺龙传》编写组组长刘雁声专程前往清水湾采访了我的曾祖父许子珍。2007 年 8 月 17 日，一篇《贺龙在五峰深山的秘闻轶事》的新闻在《三峡周末》刊登报道。同年 10 月，县政府为此向我家赠送了一块写有“红军医生”的牌匾。

“家庭是社会的基本细胞，是人生的第一所学校。”什么样的环境教育出什么样的人。在曾祖父的影响下，我的二爷爷许建军毅然从军，成了一名解放军，先后参加解放湘桂等战役和抗美援朝战争，成长为一名营级干部，巧然应和了贺龙军长为他取的名字。我的爷爷许建华则继承了曾祖父的衣钵，成了一名中医，我的堂妹也成了新时代的一名医生，至今家族已七代从医。

我的父亲虽未从军也未从医，但也不忘家规训诫，始终坚持待人仁德和爱国爱民在心中的家规，一辈子投身于农村电网事业，特别是在几次农网改造工程中兢兢业业，让村里 200 多户家庭都通上了电。从我记事起，几乎每年的年夜饭都看不到父亲的身影，老家海拔 1000 多米，每到过年这里就会下雪，为了保障大家过个好年，父亲常常过年期间早出晚归，而且每次回来衣服都被湿冷的汗水浸湿。但每每看到村里万家团圆的灯火，听着此起彼伏的欢声笑语，父亲饱经风霜的脸上也满是笑意。

随着我慢慢长大，父亲的年龄也越来越大，体力越来越不如从前，我就经常跟在父亲身后帮着他一起维修电路。因为家庭的影响和熏陶，我从小立志报国，终于在 2011 年入伍，光荣地成为一名解放军战士。

2014 年 6 月，退伍后的我来到中铁重工工作。在这 10 年里，我从一名学徒工成长为班组长，一直坚持着祖辈家规处世，勤恳做事，诚以待人。在工作中，公司的文化和发展帮助我快速成长，祖辈们传承下来的家规激励我坚毅奋斗，我时时处处以一名共产党员的标准来严格要求自己，积极工作，充分发挥班组长骨干带头作用，保证各项工作进度和产品质量。同时作为一名群安员，我时刻不忘把安全放在首位，为了同事们能每天高高兴兴上班来、平平安安回家去，我经常深入生产现场检查，尽可能排除隐患，将安全风险降到最低。特别是在动火作业时，我不断提醒我的工友们，安全生产是重中之重，事故隐患、麻痹大意将给公司造成不可挽回的损失、给家庭带来无法承受的痛苦。

许延巍一家三口

除此之外，我还多次参与完成架桥机组装现场服务、地铁三件套场内制造及机械设备售后服务等项目，积极参与援建武汉汉阳国博中心方舱医院，完成长丰桥系杆保护箱、防撞护栏等项目制作，以实际行动体现着为民情怀、彰显着国企担当。其中，在长丰桥项目建设中，我努力发挥自己的技术优势，多次为甲方排忧解难，因工期紧张，我带领100多名工人奋斗一线，现场两班倒，歇人不歇马，累了困了就在桥下、车里休息，确保出现问题时能第一时间到达现场及时解决。虽然困难重重，但最终在业主规定的时间内完成了所有工作，保证了三环线顺利通车。由于出色的表现和专业的技术，我先后多次获得公司明星群安员、明星班组长等荣誉，在中铁工业2024年度质量管理活动成果评审会上，我代表铁流质控小组进行演讲，班组获得了“质量信得过班组优秀奖”。

家庭是人生的第一个课堂，父母是孩子的第一任老师。家规就是我家的一面镜子，照着我，也照着孩子。现在的我也成了一名父亲，为了让孩子树立正确的世界观，我带着孩子先观世界，亲自去种菜，让他从小知道粮食来之不易，要始终保持克勤克俭的品性；去长沙橘子洲瞻仰伟人雕像，教育他要爱国爱家；去科技馆近距离接触克隆羊技术等发明，让他明白学好知识、科技强国的重要性。我要让家规永远传承下去，用行动去影响我的孩子，就像我的祖辈用言行影响着我一样。相信儿子长大成人后，不管投身何种行业都能时刻牢记家规训诫，将其作为人生道路上的座右铭，孝慈仁爱以廉善，为自己的人生奠定坚实的基础，踏出勇敢的步伐，成为国家的栋梁之材。

听党话　跟党走

——中铁重工杨柳“爱国奉献”的好家规故事

我叫杨柳，是中铁重工规划发展部部长。我家的家规是“听党话，跟党走”。“是党带我走向光明，你们要永远听党的话，跟党走。”小时候，妈妈总是与我讲起那从未谋面的姥爷，提起他常说的这句话，唱着他最爱的《东方红》。长大后，家里还留存着姥爷的一枚枚奖章，使我更加了解那段烽火燃遍大江南北的历史，也更能理解他留给我们那句话的含义。

我的姥爷叫张超，原名张巨金。姥爷1909年出生在辽宁省辽阳县柳河乡高力沟村的一户回族穷苦人家，是家中长子，也是6个子女中唯一上学认字的。在东北陆军讲武堂第七期毕业后，任过东北军的排长、连长、参谋、中校团副等职务。九一八事变后，随部队撤往关内，参加了热河保卫战。

杨柳姥爷的旧照

西安事变后，东北军被蒋介石调防，姥爷所在的部队被调往江西修浙赣铁路。后期部队管理混乱，很多人脱队四散，姥爷对当时的军队感到十分失望，只因与他参军报国的理想已严重背离，无奈离开前往西安。1938 年，姥爷经东北讲武堂同学的介绍到山西运城任保安大队长，9 个月的时间里，姥爷十分不满旧军阀的做法，不忿祖国被日寇统治，当众发表爱国进步言论，被人告发，日军对姥爷监视居住，不准他出城，姥爷不得以开了个小饭馆维持生计。地下党和八路军得知这一情况后，认为姥爷是可以争取的对象，太岳军区支队政委蒋寿鹏（曾任太岳军区十支队政委，38 军政委，黑龙江农垦总局书记）等领导开始与姥爷频繁接触，做他的思想工作，启发他的觉悟，4 年后监视解除，姥爷先后任山西省保安司令部人事科长、平遥保安大队长、祁县保安大队长等职，在此期间姥爷开始为我党开展地下情报工作。后来，条件成熟后党组织就安排姥爷起义。1944 年 8 月 31 日晚，姥爷率所部全体人员 365 人、长短枪 366 支在山西祁县起义，向根据地转移。虽然提前有所准备，但是起义还是被发现了，日军派骑兵追杀了 100 多里，后被八路军部队在路上接应，起义队伍才脱险安全上山，分区领导柴泽民（曾任中华人民共和国第一任驻美国大使）、蒋寿鹏等人，高度赞赏了姥爷的义举。姥爷率部队起义走上革命道路后，在党的教育下，思想发生了极大的飞跃，将自己的名字由张巨金改为张超，意思就是要超越旧思想，超越旧我，开始新生，向着光明前进。从此姥爷在党的引领下走向光明，开始了他新的人生！

姥爷从起义到抗战胜利的一年时间，经历了大大小小 10 多次战斗，光所骑的战马就被打死了 6 匹。当年日寇对姥爷恨之入骨，曾悬赏一万块大洋要他的人头。

抗战胜利后，姥爷任盐池执法大队队长，随部队参加了攻打运城、潞城等战斗。1945 年 9 月，毛主席发出东北干部回东北支援东北解放战争的命令，姥爷奉命带着一个连回东北，闯过国民党多道封锁线，走一路、打一路，直到热河。

“文革”期间，姥爷虽经劳动改造，但他始终坚信共产党一定会主持正义，给他公道。于是他带领全家，默默修工具、补麻袋、缝苫布、捡粮食，将他负责的场院里外打扫得干干净净，各种器材、物品摆放得井井有条。当时下乡知青都把姥爷当传奇人物，经常缠着他讲过去的故事，姥爷就趁机讲他在党的引领下起义参加革命的经历，并常常说：“是中国共产党给了我新生，没有共产党就没有我张超！”言语中尽显爱国奉献之意。

“文革”后，组织上恢复了姥爷名誉，1982 年 5 月，时年 73 岁的姥爷被组织批准光荣离休，同年 9 月逝世。

追忆姥爷的一生，特别是他跟着党走向光明的经历，他用实际言行践行着爱国奉献的品质，这与中铁工业“六廉”文化中的廉敬之“恪尽职守、勤勉敬业”的工作态度内涵一脉相承。

红色家风蕴含着坚守信仰、对党忠诚的家国情怀，蕴含着人民至上、不负人民的初心使命，蕴含着勤俭节约、艰苦奋斗的持家传统，蕴含着律己修身、不搞特殊的清廉本色，是中国共产党永不褪色的“传家宝”。“听党话，跟党走”也成了我们家的家规，我也暗自下决心要继承姥爷的遗志，热爱祖国、热爱党，永远跟着中国共产党走，胸怀家国，恪尽职守，勤勉敬业，为实现中华民族伟大复兴尽心尽力，贡献自己的全部力量。

加入共产党是我学生时代的第一个目标，在接受党组织考察期间，我始终以一名共产党员的标准要求自我，最终在大二时成功加入了中国共产党。

2012年研究生毕业后，我进入中铁钢构工作。从文秘岗开始做起，踏实积累工作经验，后转至规划投资岗位，一直从事企业规划、深化改革、投资相关工作。工作中我敢为人先，勇挑重担，主持编制了所属企业重要改革方案、“十三五”规划、“十四五”规划等重要文件，厘清公司发展方向，铆定战略领航。

其间，我也组建了自己的小家，与同在中铁钢构的王昱相识。结

杨柳一家三口合影

婚十几年来，我们虽然分隔两地，但是彼此相互支持。因为工作，总有一些美好充满了遗憾，他缺席了我每一次产检，在我生完宝宝的第四天就不得不告别返岗，儿子的每一个成长阶段都无法准时参与……但他总是宽慰我说：“现场就是市场，干好了才能立得住我们的品牌。”

先大家后小家、为大家舍小家，作为他的妻子，作为一名党员，在家规的熏陶下，无论多难多累，我始终愿意成为他一往无前的后盾，支持他的事业。2022 年新重工组建，我调转至重工本部机关工作，他留在了中铁钢构，虽然远隔千里，一个人面临着巨大的工作、生活压力，但是每每与孩子提起爸爸建设的深圳中英中粮超高层、苏州江陵路、上海松江南站等项目，我总是不自觉充满了自豪与骄傲。记得一次去深圳探亲，他带我看了深圳中英中粮这座屹立在深圳前海的地标建筑，当时我思绪翻涌。2021 年 11 月底，正是中英中粮项目封顶的冲刺阶段，我身体指标出现了异常，医生建议我去北京寻医，那是我生平第一次感到无助，可是正值关键节点，他思索再三说："这座双子楼对公司太重要了，这个节点一定不能出差错，作为项目经理我不能离开，咱们都是公司的职工，你能够理解我的，对吗？这次真的要再次委屈你了。"于是我一个人踏上了北上的火车，还好结果是好的，一切否极泰来。终于在 2021 年 12 月 9 日那天，中英中粮大厦传来了主体钢结构顺利封顶的好消息，我们在视频里都哭了。我知道那是他克服了疫情等不利因素，奋战 1195 个日日夜夜的结果，他也知道那是我一个人默默支持与坚守的付出。

杨柳姥姥的旧照

健康的家庭生活，可以滋养身心。我和他讲起过姥爷和姥姥"听党话，跟党走"的故事，他们夫妻二人相濡以沫、相敬如宾，为共产主义理想信念奋斗了一生。身处和平年代的我们，又怎能忘却这份坚定呢？看着眼前的他，我握住了他的手，愿我们能一直如姥爷姥姥一般，千言万语最后化为一句：“辛苦了，王昱。”那一刻，我知道“听党话，跟党走”的家规，成了我们彼此的信念。

如今，我带着孩子生活在武汉。5 岁的儿子从小就积极进取、勇于争先，在幼儿园里是“识字小明星”“金牌学习王”，在生活里更是一位酷爱 BMX 的极限运动小达人，是我们一家的快乐源泉。虽然陪伴孩子的时间很少，对孩子的愧疚很多，但是在爸爸妈妈言传身教、身体力行的影响下，“听党话，跟党走”的好家规基因也在他的心中破土生根。

我们夫妻的经历，只是无数个中铁工业家庭的缩影，虽然陪伴是最长情的告白，但我们只能遥寄思念。因为同一个初心，我们选择了一身中铁蓝，又因为同一个梦想，我们选择了携手并肩。当然，我们也将会因为同一个信念，继续践行共产党员的初心使命，立足岗位，勤勉敬业，为企业高质量发展贡献全部的智慧和力量！

无字家规　有形力量

——中铁新型交通张琳玉“勇当开路先锋”的好家规故事

我叫张琳玉，是中铁新型交通公司法规审计部副部长。古人云：“国有国法，家有家规。”有的以文明示，谓之“有字家规”；有的则是言传身教，谓之“无字家规”。我家的家规，是父亲的临终遗言，也可以称之为“无字家规”。

1994 年 1 月 4 日，是我和父亲最后告别的日子。那一天，母亲去张罗墓地，弟弟妹妹要上学，只有我独自守在病房。弥留中的父亲拉着我的手，说话异常吃力：“你是家里老大，在家要照顾好弟弟妹妹，照顾好你们的母亲。在单位一定要勤快，一定要努力学习、踏实工作。”如今，这句话已成为留给儿女的一条“家规”。

这一生，“勤奋”是父亲的“本色”。1963 年，18 岁的父亲从成都被招工到铁道部第三工程局当了一名普通工人。那时候，铁路建设非常落后，施工机械化程度很低。到长白山工地不久，很多同去的人因无法忍受恶劣的环境和艰苦的劳动而陆续返城。父亲却默默地留了下来，这一干就是整整 30 年。我的父辈们，逢山开路，遇水架桥，被誉为新中国铁路建设的“开路先锋”。

中国铁路建到哪里，铁路人家就在哪里，我们姐弟四人也都出生在铁路工地。至今，我还清楚地记得 1977 年修建阳泉火车站时，是小妹出生的日子。那一天，母亲上午肚子疼，强忍不适独自跑到段部卫生所检查、购买卫生用品待产。医生来到家里接生的时候，父亲却仍然见不到人影。小妹出生后，父亲才风风火火地赶回家来。当时我们特别生气，觉得父亲缺乏人情味、责任感。后来才明白，父亲正在参加火车站建设大会战，生产根本离不开人手，大家都是吃、喝、轮休在现场。几天后，父亲的师傅又专程赶来解释："大远是木工班班长，最危险的模板支撑是头道工序，要求特别高、危险性也特别大，没他带班冲在最前面不行啊！"那一瞬间，我们理解了父亲平凡中的不平凡，转而叮嘱他安心工作，每天高高兴兴上班去、平平安安回家来。

这一生，"好学"是父亲的"底色"。父亲初中毕业就上班了，工作中自然会吃很多苦头，但他始终没有放弃学习。水泥公司筹建期间，他被抽到基建科助勤，为了适应工作需要，他开始自学测量技术和制图。以前的仪器比较落后，很大程度上依赖测量人员的技术和经验，测量数据要在《测量规范》允许范围内，否则必须返工。那段时间，我们经常看到父亲下班"痴迷"学习的情景，甚至一边吃饭还一边拿着制图工具来回比画，时不时把筷子伸到别人的碗里，逗得大家哈哈大笑。后来，父亲把学到的知识用于隧道测量和施工，工友们都夸他"测量又快又准，图纸仿宋字体漂亮，尺寸标注清晰，绘图比例准确，图纸质量非常高"。然而，只有我们知道这份成功背后的酸甜苦辣。

这一生，"质朴"是父亲的"成色"。对一个家庭来说，父亲不仅是一家之长，也是家规家风的"示范者"，在我父亲身上更多体现为"以行践言、行胜于言"。那时候，父亲收入不高，母亲没有工作，家里孩子又多，每月还要给老家的奶奶寄生活费，家里的日子一直过得紧巴巴的。为了节省开支，父亲自学裁剪，给我们做衣服，让我们体体面面去上学，自己身上却永远穿着一件旧工装。记得在山西生活期间，冬天特别冷，为了不耽误我们上学，父亲天不亮就起床，捅开炉子给我们做早饭，把我们几人的棉袄烤在火墙上。等到饭好了，衣服也烤暖了，他便大声吆喝："我的猫儿、狗儿快起床了！"那一刻，室内空气里弥漫着饭香和雾气，我们穿上烤得暖暖的棉袄，吃完饭去上学，他则大步流星赶去工地上班作业。

这一生，"付出"是父亲的"靓色"。也许是吃过"没文化"的苦，父亲特别重视我们的学习。为了让我们能够上好学，他主动申请从工程单位调到水泥公司，虽然没有了流动津贴，工资也低了不少，但家不再四处漂泊，我们也有了固定的学校。我大妹至今还记得，在她中考成绩出来后，距中专和技校都差几分，在等待补录的日子，父亲焦虑而纠结，一次次奔走于教培办咨询补录情况，直到拿到正式《录取通知书》那天，父亲悬着的心终于落地，开心得合不拢嘴。

点滴往事，永恒记忆。如今，父亲已经离开很多年了，但他作为中国铁路人，有着大山一般厚重的父爱、江河一般深邃的情感、铁轨一般刚直的品格，这些都化作了最宝贵的"遗传基因"，代代相传。

21 岁那年，我从哈尔滨铁道职业技术学院铁道工程技术专业毕业后，分配到中铁三局潞州水泥公司从事核算员工作。面对专业不对口的窘境，我第一时间想到了当年父亲"不服输"的精神，努力学习财务专业知识，由于工作认真负责、学习能力强，我很快脱颖而出，22 岁被选调到财务科助勤，23 岁正式调入财务科，24 岁通过全国助理会计师考试，25 岁以优异的成绩通过全国会计师考试，26 岁被聘为公司财务科会计主管，成功实现了第一次职业转型。

2010 年，我又调任中铁资源国金矿业财务部副部长岗位。这是一家黄金探采选冶一体化企业。2010 年 11 月，三家协作单位以巷道掘进成本高、结算单价低、连续亏损为由申请提高结算单价，并以不提价就一起退场来威胁公司。为了确保企业正当利益不受损失，我大胆提出建议："对协作队伍的掘进和采矿成本进行一次全面彻底的现场调研和分析，掌握其真实盈亏情况，做到心中有数，然后再考虑应对策略。"建议被采纳后，公司迅速组织生产、技术、物资、安环、财务等多部门组成调研小组，深入协作队伍办公现场，取得了协作队伍第一手成本资料。最终，我们有理有据的数据分析让协作队伍无言以对，同意维持上年结算价续签合同。

张琳玉工作照

2022 年 4 月，我调任中铁合肥新型交通产业投资有限公司法规审计部副部长。对于多年从事财务工作的我来讲，要负责全公司的合规和审计工作，挑战极大。对此，我想起父亲"弱鸟先飞早入林"的嘱托，潜心学习研究相关文件和工作要求，持续加强内控、审计、法律专业知识学习，研读企业内控精细化设计、内部审计典型案例等书籍。同时，从制度建设入手，迅速完成了缺失的审计业务制度体系建设工作，组织完成了内控、风险管理体系文件的制定，为公司走上依法治企、合规经营之路奠定了制度基础。

2000 年，我和中铁三局技术人员高宏伟结为夫妻。因工作需要，我们夫妻两地分居。但时间和距离始终没有降低我们小家的“幸福度”，良好家规的“黏结剂”作用不可忽视。这些年，丈夫每次回家，总是抢着做家务，给儿子洗澡、理发，与孩子谈心交流。一有好吃的，总是第一个递给岳母，为岳母洗衣服做饭，比我做得还周到。2010 年 5 月，母亲不慎在马路上跌倒摔断了胳膊，正在郑西客运专线忙碌的丈夫急忙请假，连夜赶回西安照顾老人和孩子，他告诉我：“你不用操心，家里有我呢，妈和孩子的事我全包了！”那一段时间，他医院家庭两头跑，一日三餐不重样，直到老母亲身体康复才返回工地。

我儿子虽然没有见过姥爷，但每次对姥爷的往事总是听得津津有味。姥爷的家规家训，在他身上也得到了传承。大学期间，他一直勤奋好学，先后获得全国大学生数学建模竞赛一等奖、全国大学生西门子杯中国智能制造挑战赛特等奖，并获得西门子公司内推 offer，在大四考研一举成功。如今，我工作在安徽，孩子在西安上学，他又自觉地担负起了日常照顾姥姥的责任，满满的孝心时常让我们感到欣慰。

互联网时代，“亲情热线”成为我们传递家规家训的新载体。这些年，每天晚上十点半，我们一家一般都会视频连线，相互分享各自的生活、工作、学习情况，相互倾诉生活中遇到的各种难事琐事，相互激励认真搞好学习和工作，相互提醒按时做好饮食起居……好些时候，大家

2024年春节，张琳玉（左一）陪母亲在西安赏灯

都抢着第一个上线，却舍不得第一个下线。夜深人静，放下电话，我禁不住会望向父亲遗照，他依旧是那样善良、慈祥，一言不发静静注视着我。那一刻，我潸然泪下："亲爱的父亲，您看到了吗，您的家规我们都在践行，您的嘱托我们一直在完成！"

这，就是我的无字家规，无声胜过有声。多年后，我把它简要归纳为几个核心词：勤奋、好学、质朴、付出。其实，我们的家规，又何尝不是千万中国铁路人的家规缩影，随着"逢山开路、遇水架桥"的号角声，回响在祖国的高山大河里，流淌在南来北往的铁路大动脉中，典藏在一代代铁路建设者的心底，与"交通强国、铁路先行"的家国情怀一道，一路风驰电掣、高歌猛进、生生不息！

忠诚报国恩

——中铁工业徐兵峰“胸怀家国”的好家规故事

我叫徐兵峰，是中铁工业规划设计研究总院二级设计师。我们徐家人作为明朝开国名将徐达的第二十三代后裔，始终遵循“忠诚报国恩”的家规精神，这条家规蕴藏于“一瑞方启运，常锡泽维新，友爱遗家法，忠诚报国恩。心田从兹裕，厚福自天申，克继期令嗣，佩服百载因。”这首家族传承下来的五言律诗中。

我们村徐家一脉传承于徐达第三子膺绪（后人称其为“荣祖”），在洪武年间（1376 年），自北京迁徙至获嘉县、新乡县一带，距今已传承六百五十余载。经数代繁衍，家族开枝散叶，形成了越门、义门、洪门等 7 个主要脉系，我是越门这一脉的。

小时候，爷爷经常让我背诵蕴含家规的那首诗，尽管还不能理解蕴藏其中的深层含义，但“忠诚报国恩”这句简洁有力的训诫却早已深刻脑中、记在心间。随着年龄的增长，我理解到：我的家规核心就是一个“敬”字，即爱国奉献，这与中铁工业“六廉”文化中的廉敬之“恪尽职守、勤勉敬业”的内涵道同义合。

记忆中，爷爷经常会为我讲述徐家先辈们的传奇故事，尤其是我太爷爷那一辈的故事。他们为了新中国的成立英勇奋斗，抛头颅，洒热血，为了民族的独立和人民的解放挺身而出，无惧生死，勇往直前。

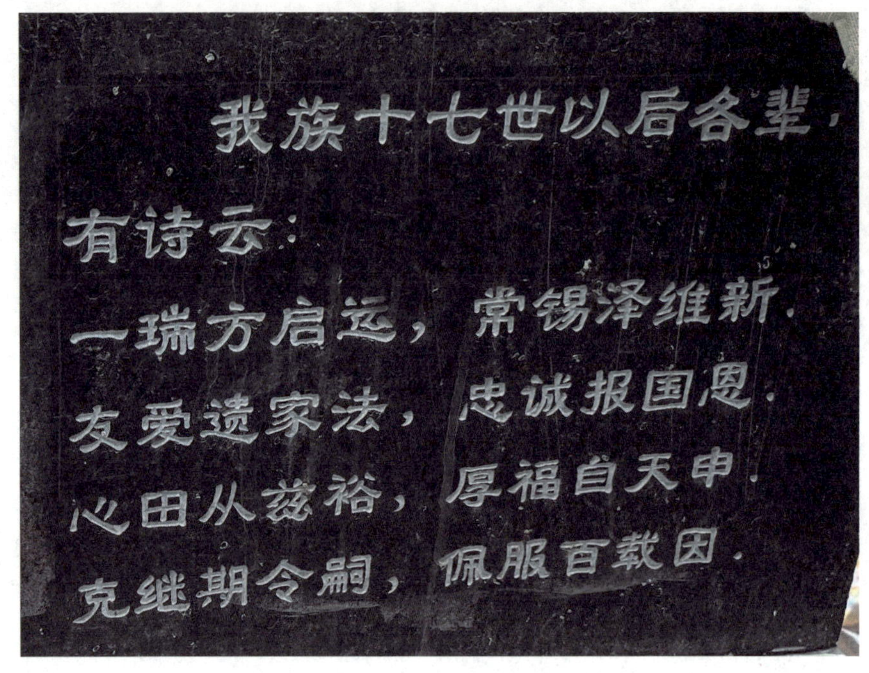

徐兵峰家族墓志铭

每当我回想起这些先辈们的壮举，内心便充满了无比的崇敬和自豪，这不仅坚定了我传承“忠诚报国恩”的信念和决心，也成为我作为徐家后人永恒的骄傲。

我的太爷爷徐一荣是越门十七代后裔，他于 1925 年 7 月加入中国共产党，同年冬在家乡发动领导获嘉、辉县一批农民进行反税卡子的斗争，捣毁了阎锡山设在山西陵川县夺火镇盘剥穷人的税卡子，鼓舞了当地群众反对军阀统治的革命斗志，点燃了革命斗争的烽火。1926 年，他离开家乡赴开封担任地下党交通站负责人，负责护送战友、传递情报和重要文件。地下工作如刀尖上跳舞，随时都有牺牲的可能，但太爷爷从未退缩，始终坚守着对党的忠诚。1929 年由于叛徒告密，太爷爷被国民党逮捕。敌人威逼利诱但仍一无所获，将太爷爷残忍杀害，太爷爷牺牲时年仅 38 岁。

太爷爷去世后，其弟徐一舟在兄长的感召下，无畏无惧，继续完成党小组分派的工作，为党的会议站岗放哨，替同志们传递消息，照顾同志们的日常生活。但是，最后不幸被捕。在狱中，徐一舟被戴上手铐脚镣，坐“老虎凳”，喝“辣椒水”，受尽酷刑，也未曾向敌人屈服。在无口供又无确凿证据的情况下，徐一舟被保释出狱，随后又奋不顾身地投入革命斗争中。1938 年，徐一舟成了中共获嘉县委首任书记。1939 年春，他随部队到山西整训，同年 5 月，在河南辉县王范的战斗中英勇牺牲。之后，太爷爷徐一荣一脉后人中，有 13 人参军入伍，一心向党。

家规是一个家庭最宝贵的财富，是留给子孙后代最好的遗产。义门第十八世裔徐德富太爷爷，在担任新乡市第二钢铁厂 3 号炼钢炉长期间，曾多次身受烫伤，仍坚守岗位，被称为“铁人”。他 1959 年获“全国劳动模范”荣誉，同年 10 月 1 日登临天安门城楼参加国庆观礼。义门第十九世裔徐宝明太爷爷，在抗美援朝战争中，与战友配合击落四架美军战机，荣立个人一等功。他 1954 年参加援越抗法，荣获越南民主共和国“胡志明”勋章。除此之外，还有很多家族长辈以自己的行动诠释着家规的内涵。他们或在部队中戍卫边疆，或在科技战线为国家贡献智慧，或在三尺讲台上教书育人。长辈们用自身的实践躬身笃行传承着家规，也为后辈树立了榜样。

在我的成长道路上，家规始终是烙印在我心间的坚定信念，从本科在军校历练，到读研出国留学深造，再到毅然决然回国报效，投身祖国的建设事业，我也时刻以自身的行动来传承家规，弘扬家规精神。

在军校的日子里，我接受了严格的军事训练和学术熏陶，不仅让我掌握了扎实的军事技能，更塑造了我坚定的政治信仰和崇高的家国情怀。我深知忠诚是首要的品质，报国是终身的使命。留学海外，我认真学习科学知识和先进的技术，时刻关注着祖国的发展和变化，更加深刻地体会到了作为一名中国人的自豪和骄傲。践行家规的过程使我认识到，只有不断提升自己的综合素质和能力，才能更好地为祖国的建设贡献力量。完成学业后，我选择回国发展。作为一名国企科研工作者，我“以笔为剑”，努力将先进科学技术转化为现实生产力。我自主研发了掘进机车载网络，成功解决隧道无线通信难题；主导公司安全管理系统一期和二期的设计与实施，推动公司安全隐患及时识别与处理能力提升；主导研制智能铁鞋系统、架桥机智能驾驶系统、研究智能桥检车等多个智能化产品；积极参与人工智能、视觉识别、激光雷达等前沿技术的研究与应用，以及多层多道焊接机器人、微米级道岔轮廓检测和三维重建等科研难题的攻关。随着工作不断地深入，我越来越深刻体会到家规不仅仅是一句口号，更是一种行动指南和价值追求，它促使我始终恪尽职守，勤勉敬业；要求我必须始终胸怀家国，时刻关注国内外形势，敢于担当，勇于奉献；要求我必须始终保持一颗感恩的心，回馈社会，报效祖国。回顾自己的成长历程，我深感“忠诚报国恩”这一精神的重要性，它为我指引了方向，激励我不断前行，勇攀高峰；它让我始终保持一颗赤诚之心，为祖国的建设事业贡献自己的力量。

家庭不只是人们的住处，更是心灵的归宿。家风好，就能家道兴盛、和顺美满；家风差，难免殃及子孙、贻害社会。正所谓：“积善之家，必有余庆；积不善之家，必有余殃。”整个家族也继续秉承家规的核

徐兵峰一家四口合影

心理念，不仅以口头和书面方式传承家规，更在日常生活中践行着家规。在我的家庭中，长辈们特别注重培养孩子们的爱国情怀和责任感，勉励他们要通过学习为国家的发展贡献自己的力量，将忠诚与奉献的精神代代相传。在每年举办的家族聚会和祭祖仪式上，我们交流思想、分享经验，拓宽视野、增长见识，长辈们重言传、重身教，教知识、育品德，帮助后代扣好人生的“每一粒扣子”，将家规的核心理念传递给更多的人，通过思想的碰撞让家规随着时代的发展而不断与时俱进、薪火相传。

在岁月长河中，徐氏后人或以血为墨，守护家国安宁，或以笔为剑，捍卫国家尊严，无论是战火纷飞还是和平岁月，都始终秉承家规，矢志忠诚报国，躬行践之，以行其深意。在家族传承中，徐氏后人不仅继承了先辈的英勇精神，更将家规内化于心、外化于行，这不仅是对先辈的敬仰和传承，更是对后人的激励和期许。在新时代，我将继续传承和践行“忠诚报国恩”的家规，为实现中华民族伟大复兴的中国梦贡献自己的力量。

善待工作就是善待人生

——中铁工业单仲喜“善作善成”的好家规故事

我叫单仲喜，是中铁工业科技与数字化部信息化科科长。我出生于北京市昌平区百善镇百善村，村民善良、多做善举，我的家人也与人为善、善言善行，而“善待工作就是善待人生”是我家的家规。

我的奶奶是一位技艺精湛、心地善良的裁缝，年轻时从一位老裁缝师傅那里学到了这门手艺。每天清晨，她都会早早地起床，用心钻研，不断提高自己的技术，无论是缝补衣物还是制作新衣，她总是用心对待，她的裁缝台总是干净整洁的，她的针线活精细无比，每一针每一线都独具匠心，很快她就成了村里最受欢迎的裁缝。她常年兢兢业业，村民们无论有多小的缝补需求，奶奶都会耐心地接待、细心地处理。

在抗日战争时期，奶奶的裁缝店不仅为村民们新制、缝补衣物，更是革命战士的迷你“军服厂”。她默默地和其他村民一起为战士缝制衣服，经常在夜晚昏暗的油灯下秉烛夜缝，眼睛熬出了血丝、手指也缝僵了，但她仍坚持着。她知道，她缝制的每一件衣服，都是对抗战的一份支持，是她作为一名裁缝的职责和使命。

奶奶不仅技艺精湛、心地善良，还乐于帮助别人。有一年，村里一个年轻的女孩想学裁缝，但却没钱去城里学艺，求学无门之时，奶奶毫不犹豫地收下了这个女孩，耐心地教授她裁缝技巧，从基础的针线活到复杂的衣服剪裁，奶奶毫无保留地传授，并让女孩吃住在家里。在奶奶的指导下，她逐渐成长为一名合格的裁缝，成为奶奶的得力助手，也在潜移默化中传承了奶奶“善待工作就是善待人生”的生活态度。

奶奶生前说：“裁缝不仅是一份工作，更是一种责任和爱心的传

单仲喜的家人们

递。”她用自己的双手，不仅缝制出了耐用的衣物，更是织出了温暖邻里情，始终用行动践行着“善待工作就是善待人生”的家规。

受奶奶的影响，我的妈妈也坚守着这个“善”字。妈妈是村里粮食种子站的一名员工。她每天都是第一个到达种子站，她深知，好的种子是丰收的基础，绝不能马虎。所以在整理好一天需要发放的种子后，她总会仔细检查每一袋种子的质量，确保发放给村民们的都是优质的种子。在工作之余，妈妈还要负责向村民们讲解如何种植和养护这些种子。无论是炎热的夏天还是寒冷的冬天，总能在田间地头找到她的身影，看到她在细心地帮助村民们解决种植过程中遇到的问题，久而

久之，她的勤劳和专业也赢得了村民们的信任和尊敬。

作为村里党支部的骨干，妈妈不仅在工作上兢兢业业，还积极开展村里的各项事务。她常常组织村民们开展技术培训，提高大家的种植水平。她经常走访村民，了解他们的困难和需求，尽力为大家解决问题。她的手机24小时开机，无论何时何地，只要村民有需要，她都会第一时间赶到。她知道，这是她的职责所在，她希望通过自己的努力，能够让更多的村民过上更好的生活。

我就是在这样的环境中耳濡目染成长的，时刻秉承"善待工作就是善待人生"这一家规。在中铁工业本部信息化管理岗位上，我一直以一名优秀共产党员的标准严格要求自己，凭着对中铁工业的热爱和忠诚，工作任劳任怨、作风务实、不计较个人得失。在完成本职工作的同时，对于同事们修复电脑故障、重装系统等需求，我也从不拒绝、有求必应。基层单位OA系统出现问题时，我也通过远程指导，帮助他们快速解决问题。

工作中，我始终坚持学习，通过自学和集中学习不断武装自己、充实头脑。同时还充分利用信息化平台，自学北京大学的"数据挖掘理论与算法"、清华大学的"区块链技术入门"和国家开放大学的"工业机器人与智能制造"等课程，主动增强多领域知识储备，辅助综合业务技能提升。

在智能制造信息化工作中，我坚持学以致用、善待工作，将"小我"投入工作"大我"中去。自"一中心、三示范"项目及数智升级工程开展以来，我奔波于多个项目实施地，积极主动协调和监督项目工作质量及工期进展。通过不懈的努力，公司信息化水平不断提升，企业荣获国家部委及省市多项智能制造示范试点荣誉。在推进网络安全工作中，我通过多渠道引导各子分公司重视企业网络安全工作，坚持开展网络安全培训会，组织专家对重点单位进行网络安全专项检查，2017年至今公司未出现重大网络安全事故。在助力新冠疫情防控期间，我第一时间与股份公司对接，配合部署中国中铁疫情防控系统，仅用1周时间就紧急完成了系统中351个组织机构的设立，并持续负责维护系统的正常运行，使公司及时掌握人员健康状况、监控疫情态势。疫情防控及复工复产期间，先后对11种视频会议软件可靠性进行测试，并调试及保障各类视频会议近千次，还同步开展机房等各类IT运维及OA、网站等信息系统维护工作，保障了企业基础信息化设备及系统正常运行。作为一名幕后工作者，我不需要聚光灯，也不需要华丽的掌声，在家规的驱使下，我选择与善同行，善始善终，义无反顾却甘之如饴。我也先后获得国资委首届国企数字化场景创新专业赛二等奖、金砖国家工业创新大赛优秀项目奖，以及中国中铁2023年度企业管理现代化创新优秀成果奖等荣誉。

我之所以如此，是奶奶和妈妈始终传承的家规激励着、影响着我。现在的我也有了自己的孩子，我会继续秉持家规初心，用言传身教的方式将“善待工作就是善待人生”的家规传承下去，默默耕耘，不计收获。

创新理论成果
凝聚发展合力

国有企业廉洁文化建设
要注重打牢筑坝修身根基

习近平总书记在二十届中央纪委二次全会上指出："要在不想腐上巩固提升，更加注重正本清源、固本培元，加强新时代廉洁文化建设，涵养求真务实、团结奋斗的时代新风。"中共中央办公厅印发的《关于加强新时代廉洁文化建设的意见》（以下简称《意见》）要求把加强廉洁文化建设作为一体推进不敢腐、不能腐、不想腐的基础性工程抓紧抓实抓好。国有企业作为新时代中国现代化建设发展的重要力量，面对经济社会发展和企业运营的各种矛盾挑战，要更加自觉深入贯彻落实习近平总书记关于全面从严治党的重要论述精神和党中央决策部署，结合企业管理运营中存在的薄弱环节和现实问题，紧紧围绕筑牢拒腐防变思想堤坝，进一步增加新时代企业廉洁文化建设的针对性和有效性。当前，有的国有企业彻底消除腐败的土壤和条件还没有从根本上治理形成，工程建设、企业商务运行、招投标、投资合作、物资和队伍使用等多领域、多方面，还不同程度地存在权力腐败的潜在条件和风险，有的项目经理虽然只是科级或者股级，手里却常常掌握着数亿甚至数十亿的工程项目，长期面临着各种诱惑和风险的挑战，个别人把持不住自己的现象还不同程度存在。廉洁文化建设说到底是管人的思想灵魂、解决正心修身问题的。因此，国有企业全面落实新时代廉洁文化建设要求，必须紧密结合企业建设实际，紧紧盯住企业现实问题做工作、抓落实，通过不断深耕厚植廉洁文化精神沃土，从根本上打牢筑坝修身根基，全面提升党员和领导干部的拒腐防变能力，永葆共产党人的政治本色。

廉洁文化建设要始终突出正确鲜明的思想引领。国有企业廉洁文化建设必须坚持以习近平新时代中国特色社会主义思想为指导，围绕深入贯彻落实《意见》，把筑牢信仰之基、补足精神之钙、把稳思想之舵作为廉洁文化建设的根本，在筹划廉洁文化建设、设计系列工作举措中，理直气壮、旗帜鲜明地把宣扬提倡什么、抵制反对什么在各层次、全领域叫响，用丰富深厚的廉洁文化养分教育引导广大党员、干部，从思想上正本清源、固本培元，从政治上坚定自觉、永葆本色，全面筑牢信仰信念、思想理念的根基。要注重把坚定信仰信念与纯净思想之源有机结合。信仰信念是人的思想灵魂之源，个别党员干部发生腐败问题往往都是从信仰信念偏离缺失开始的，国有企业新时代廉洁文化建设要更加注重从企业思想实际出发，紧紧围绕净化思想源头、坚定信仰信念，全面加强思想理论武装、不断深化党史学习教育成果、大力推动理想信念教育常态化制度化，真正让整日为企业运营和经济效益奔忙的企业党员、干部时刻保持清醒头脑、坚定信仰信念，增强“四个意识”、坚定“四个自信”、做到“两个维护”，确保始终不忘初心、牢记使命，确保时刻保持头脑清醒、政治敏锐。要注重把改造世界观、人生观、价值观与打牢思想之基有机结合。树立锻造正确的世界观、人生观、价值观是把好思想“总开关”的重要基础，有什么样的人生向往、价值追求，就可能走出什么样的人生行为轨迹。国有企业要把教育党员、干部确立正确的世界观、人生观、价值观作为廉洁文化建设的重要基础，用经常性思想教育、丰富多彩的先进文化、廉政建设先进典型引领“三观”改造，进一步确立正确的事业观、政绩观、权力观，正确对待公和私、义和利、是和非、正和邪、苦和乐，信守公私分明、崇廉拒腐、尚俭戒奢、甘于奉献行为准则，从思想深处筑牢价值理念根基。要注重把提高政治自觉与筑牢思想之堤有机结合。要着眼提高国有企业党员、干部政治意识和政治自律能力，坚持用党的规章制度、行为准则引领廉洁文化建设，严格落实党内政治生活、政治纪律、政治规矩和廉洁从政要求，政治上切实做到学思用贯通、知信行统一，行为上严格自我管理、自我规范、自我约束，不断提高抵制现实考验的意志力、坚忍力、自制力、抵抗力，强化党员意识，严格党性操守，自觉构建保持清正廉洁的企业内部同志关系和上下级关系以及企商关系，坚决反对拜金主义、享乐主义、唯利是图、损公肥私行为，用鲜明有效的思想文化引领，全面筑牢党员、干部反腐防变的思想防线。

廉洁文化建设要紧紧抓住启智润心的修身效能。国有企业开展新时代廉洁文化建设要紧密结合企业工作实际，通过对内容、形式、方法、效果的精心筹划，让全体党员干部和职工群众喜闻乐见、学有所获。内容上要接地气。要针对企业管理运营的现实情况，紧紧围绕全面落实《意见》要求，把依靠先进文化教育人、启迪人、滋养人作为着眼点，内容设定上要有选择、有侧重，在全面突出革命文化、社会主义文化、中华优秀传统文化普及宣传基础上，既要大力弘扬廉洁文化的高大上、正能量、主旋律，搞好经常性党纪法规教育，也要结合不同文化层次特点注重深耕厚植廉洁文化的启智润心功能，围绕提高人的廉洁文化素养和锻造高尚道德品格，把那些企业党员、干部看得见、遇得到、摸得着的现实行为理念，纳入廉洁文化建设的内容当中，让廉洁文化建设真正贴近现实、走近生活。形式方法上要丰富灵活。廉洁文化建设是一项润物无声、滋养心灵的精神建筑工程，国有企业要结合自身管理运营动态优势，让廉洁文化建设的各项内容、各种元素融入企业日常之中，形式上做到全领域、各层次立体覆盖，方法上实现喜闻乐见、丰富多彩。要突出党委中心组结合理论学习的引领，为各级廉洁文化建设带头宣讲授课、做好引路示范；要通过推动廉洁文化进机关、进工厂、进车间、进工地、进项目班组等，打造浓厚的廉洁文化建设环境氛围；要建立企业内部网上廉洁文化建设应用平台，搭建廉洁文化理论学习、业务交流、警示教育阵地；通过组织干部职工读书阅览、知识竞赛、专题演讲、专项展览等，普及廉洁文化知识、深化学习成果；结合选树身边廉洁先进典型，编写廉洁文化教材，制作廉洁主题文娱、生活类物品等，让廉洁文化教育走进党员干部、职工的日常工作生活；通过与家庭开展助廉共建、与本级纪检审计部门共建、与属地纪委监委共建等，共享廉洁文化教育资源，整合提升联合教育监督效能。效果上要入心入脑。国有企业廉洁文化建设要把改变人的精神面貌、解决正心修身问题，作为衡量成效的着眼点和着力点，重在看廉洁文化在启智润心、转变思想理念方面的柔性约束作用发挥如何；重在看转变人的行为准则、价值观念、道德标准的变化有多大；重在看党员干部特别是领导干部带头坚守共产党人的道德操守，时刻不忘初心、牢记使命的自觉精神有多强，通过广泛深入的新时代廉洁文化建设，国有企业切实能打造形成风清气正的良好政治生态。党员领导干部要能带头修好对党忠诚的大德、造福人民的公德、严于律己的品德，具备以人为本、善待群众的为民情怀，敢于担当、有所作为的业务能力，恪尽职守、勤勉敬业的工作态度，廉洁自律、持方守正的道德品行，遵纪守法、依法治企的法治观念。广大党员干部和职工要自觉崇清尚廉，做到以廉为荣、以贪为耻，强化自我修炼、自我约束、自我改造，不断加强修养、磨砺心性，学廉、思廉、践廉，始终保持高尚的道德操守追求。

廉洁文化建设要全面强化制度机制的规范和镜鉴作用。国有企业廉洁文化建设取得的阶段性成果，离不开强有力的制度机制来支撑规范。要靠制度机制来持续推动。廉洁文化建设是新时代全面从严治党方略的重要组成部分，只有建立完善落实廉洁文化建设的长效制度机制，才能保持形成长久的态势与成效。要建立完善定期筹划、组织落实、检查验收机制，把廉洁文化建设作为企业长期发展的一项基础工程，融入企业运行管理的不同领域、各个方面，纳入企业建设的全流程、各阶段，通过整体筹划、制定发展路线图、设定阶段性目标、全程监督落实等，靠制度机制来推动促进国有企业廉洁文化建设的长效实施、有效落实。要靠制度机制来深化保障。人的思想是动态变化的，廉洁文化建设在启智润心中形成的筑坝修身成果，既需要廉洁文化的持续滋养，也离不开及时有效的经常性思想教育作保障。国有企业要在持续深化新时代廉洁文化建设的基础上，不断加强和完善经常性思想教育制度机制建设，用强有力的思想政治工作机制来深化廉洁文化建设成果，确保广大党员干部始终保持良好精神状态，坚持初心不改变、航向不偏离、决心不动摇。要靠制度机制来监督警示。要建立完善党内谈话制度、政治监督“第一议题”制度、警示教育制度、管权用权制度、群众日常监督制度、典型案例剖析制度等，将思想熏陶滋养与严格监督惩处有机融合，切实管住党员干部特别是领导干部的生活圈、交往圈、亲友圈，管住他们的言行、举止、作风、形象，让他们自觉做到明法纪、知敬畏、存戒惧、守底线，在制度机制的管理督导中，时刻保持清醒头脑、筑牢廉洁自律防线。

国有企业廉洁文化建设要在务实见效上用力气下功夫

习近平总书记在党的二十大报告中要求“加强新时代廉洁文化建设，教育引导广大党员、干部增强不想腐的自觉”，在二十届中央纪委二次全会上强调“加强新时代廉洁文化建设”。中共中央办公厅印发的《关于加强新时代廉洁文化建设的意见》要求把加强廉洁文化建设作为一体推进不敢腐、不能腐、不想腐的基础性工程抓紧抓实抓好。国有企业作为新时代中国现代化建设发展的重要力量，面对经济社会发展和企业运营的各种矛盾挑战，要更加自觉深入贯彻落实习近平总书记关于全面从严治党的重要论述精神和党中央决策部署，全面加强新时代企业廉洁文化建设，紧紧围绕筑牢拒腐防变思想堤坝，切实在务实见效上用力气下功夫。

廉洁文化建设要始终坚持突出思想引领。习近平总书记在二十届中央纪委二次全会上指出：“要在不想腐上巩固提升，更加注重正本清源、固本培元，加强新时代廉洁文化建设，涵养求真务实、团结奋斗的时代新风。”加强新时代廉洁文化建设，是建设廉洁政治、培育风清气正的政治生态的内在要求，是营造和弘扬崇尚廉洁、抵制腐败的良好风尚的重要工程，国有企业着眼解决廉洁文化建设的落地见效问题，根本上是解决好世界观、人生观、价值观的问题。国有企业的廉洁文化建设重在弘扬正气、坚定信仰信念、引领时代新风。习近平总书记强调：“理想信念是立党兴党之基，也是党员干部安身立命之本。”马克思主义信仰、共产主义远大理想、中国特色社会主义共同理想，是中国共产党人的精神支柱和政治灵魂，是保持党的团结统一的思想基础，也是党员、干部抵御各种诱惑的精神支柱、力量源泉。中铁工业在谋划布局企业廉洁文化建设中，坚持以习近平新时代中国特色社会主义思想为指导，围绕深入贯彻落实《关于加强新时代廉洁文化建设的意见》，着眼全面提升引领人的思想境界，注重抓了三个方面的结合。一是突出了与落实习近平总书记“三个转变”重要指示要求的结合。2014年5月10日，习近平总书记考察中国中铁装备集团，作出“推动中国制造向中国创造转变、中国速度向中国质量转变、中国产品向中国品牌转变”的重要指示。作为“三个转变”重要指示的首倡地，中铁工业牢记总书记嘱托，切实把践行“三个转变”重要指示转化为企业高质量发展的具体行动，转化为企业全面从严治党、筑牢防腐堤坝的政治引领，转化为针对廉政建设存在的现实问题，推动廉洁文化建设实起来、强起来的激情斗志。二是突出了中华优秀传统文化与马克思主义基本原理的有机结合。党的十八大以来，党中央在反腐败斗争中取得了显著成效、积累了重要经验，“三不腐”一体推进是全党推进党风廉政建设和反腐败斗争经验的发展和创新，其中“不想腐”是根本，也是最重要的。中铁工业从习近平总书记关于实现马克思主义基本原理与中华优秀传统文化相结合的重要论述中，找到了“六廉”文化建设的答案，那就是在企业党风廉政建设中增加廉洁文化含量、营造廉洁文化生态、强化廉洁文化涵养功能，以《周礼》中的“六廉”思想为基础，总结提炼形成了“守正创新、六廉兴企”的廉洁文化理念，充分发挥“六廉”文化在“三不腐”一体推进中的基础性作用。三是突出了廉洁文化与服务企业高质量发展实践的结合。从中央纪委国家监委第四监督检查室2022年综合日常监督、查办案件、信访举报等情况的披露看，有的企业领导人员还存在“企业特殊论”，有松口气歇歇脚的想法；有的带头搞腐败，对“关键少数”的问题反映还比较集中；有些企业“四风” 反弹压力还很大，靠企吃企、关联交易、违规经商办企业等问题隐形变异。中铁工业着眼企业发展需要和本单位存在的一些问题现象，制定形成有针对性的廉洁文化建设方案，将警示教育与文化启迪相融合，进一步突出了廉洁文化思想的倡导引领。

廉洁文化建设要始终注重广泛普及性和可操作落实性。加强新时代廉洁文化建设，要在全社会培育清正廉洁的价值理念，使清风正气得到广泛认同与弘扬。习近平同志在浙江工作时指出：“要积极推动廉政文化进机关、社区、学校、企业、农村和家庭，促进全社会形成以廉为荣、以贪为耻的良好风尚，努力形成党风政风与社会风气的良性互动局面。”中铁工业在筹划实施企业廉洁文化建设中，时刻紧扣“廉洁自律”这个主题，注重对党员干部，特别是各级领导干部的全员覆盖，让广大党员干部和普通群众广泛接受廉洁文化熏陶，形成全企业崇清尚廉的浓厚氛围。结合中铁工业实际，全力打造“守正创新、六廉兴企”的“六廉”文化品牌。“守正”，即要求党员干部立足企业改革发展实际，把握历史发展规律，守住党纪国法的底线，坚持初心不改变、航向不偏离、决心不动摇。“创新”，即党员干部通过理论实践创新，实现党的领导与公司治理有机统一，思想政治工作和企业文化建设有机统一，党建责任与经营责任有机统一。“六廉兴企”是以中华优秀传统文化《周礼》中的“六廉”思想为基础，要求党员干部必须具备“廉善、廉能、廉敬、廉正、廉法、廉辨”六种品质，即以人为本、善待群众的为民情怀，敢于担当、有所作为的业务能力，恪尽职守、勤勉敬业的工作态度，廉洁自律、持方守正的道德品行，遵纪守法、依法治企的法治观念，头脑清醒、明察果断的领导素质。“六廉”文化通过打造以腐为耻、以廉为荣的“荣辱观”“廉耻观”，为“三不腐”一体推进提供了“坚持什么、反对什么、提倡什么、抵制什么”的价值导向。特别是所蕴含的“六廉”思想，指出党员领导干部既要具备能力，又要做到廉洁，在任何时候都要稳得住心神、管得住行为、守得住清白，做到权为民所用、利为民所谋，让求真务实、清正廉洁的新风正气贯穿始终，使廉洁从业成为一种行为方式、一种文化素养，真正筑牢“不想腐”的思想防线。围绕“六廉”主题，中铁工业通过让廉洁文化进企业、进车间、进工地，开展丰富多彩的中心组理论学习、干部职工读书阅览、知识竞赛、演讲、展览等，让广大党员干部和群众在喜闻乐见的廉洁文化熏陶中提升道德修养、启迪思想品格，既探索了沉浸体验、教育警醒、思想启发等廉洁文化教育新方式，也较好发挥了廉洁文化的价值导向、生态净化等重要作用。

廉洁文化建设要始终强化思想滋养与行为管理规范相结合。习近平总书记指出：“要加强党内政治文化建设，让党所倡导的理想信念、价值理念、优良传统，深入党员、干部思想和心灵。”全面从严治党，既要靠治标，猛药去疴，重典治乱，也要靠治本，正心修身，涵养文化。中铁工业在加强廉洁文化建设中，注重滋养心灵思想与加强行为管理规范相结合，在持续推进不敢腐的震慑过程中，以“六廉”文化建设引导广大党员干部、职工群众实现由畏惧惩处而不敢腐向敬畏法纪而不想腐的转变。着眼廉洁文化在思想、心理及价值取向方面的柔性约束，有针对性地将行为准则、价值观念、道德标准融入丰富多彩的学习教育之中，倡导党员干部特别是领导干部带头坚守共产党人的道德操守，重温中国共产党为中国人民谋幸福、为中华民族谋复兴的初心使命，带头以高尚道德砥砺淬炼优秀品格，为理想信念信仰而努力奉献、不怕牺牲。引导党员领导干部带头修好对党忠诚的大德、造福人民的公德、严于律己的品德，强化自我修炼、自我约束、自我改造；不断坚定党性、磨砺心性，学廉、思廉、践廉，保持高尚精神追求；培养健康生活情趣，净化生活圈、交往圈，严守规矩、严格自律。针对现实中存在的自律意识不强的现象，以“六廉”文化为依托，建立对广大干部职工，特别是各级党员领导干部的柔性考核指标，对各级领导干部的言行、举止、作风、形象、口碑等进行柔性考核约束，引导各级领导干部明法纪、知敬畏、存戒惧、守底线，树立正确的世界观、人生观、价值观。着眼全面建立完善各项管理制度，通过不断完善管权用权机制，强化对领导干部权力监督的全覆盖；通过深入持续开展遵法、学法、守法、用法工作，不断提高领导干部运用法治思维和法治方式深化改革、推动发展、化解矛盾、维护稳定、团结职工的能力；通过扎实开展企风企俗、乡风民俗的学习，引导领导干部自觉以身边榜样和身边先进为镜鉴，教育好自己、教育好家人、教育好身边人，推动“六廉”文化和“不能腐”深度融合、紧密结合，从制度上遏制引发腐败滋生的苗头性、倾向性问题。

廉洁文化建设要始终筑牢思想基础这个根本。习近平总书记指出：“要把不敢腐、不能腐、不想腐有效贯通起来，三者同时发力、同向发力、综合发力，把不敢腐的震慑力、不能腐的约束力、不想腐的感召力结合起来。”廉洁文化建设作为一体推进“三不腐”的基础性工程，重在建立机制、形成常态、持续用力、推动落实。中铁工业立足打牢思想基础、形成长效机制，下大力抓了建机制和打基础的工作。通过建立弘扬“六廉”文化机制，选树先进典型机制，廉洁文化进机关、进车间、进项目班组机制，系列廉洁文化产品浸润心灵机制等，将廉洁文化理念与干部职工思想教育、工作生活相融共促，寓教于乐、寓教于用、寓教于身，让清风正气无处不在、形成浓厚氛围。通过建立完善政治监督“第一议题”制度、群众日常监督制度、政企联合监督制度等，将思想熏陶与管理监督有机融合。着眼深植筑牢思想文化根基，在多层次、全领域倡导党员干部特别是领导干部自觉夯实清正廉洁思想根基，培养筑牢廉洁自律道德操守，树立科学的世界观、人生观、价值观，在不同领导岗位的全过程、各阶段都要加强思想改造，树立一心为公、权为民用的道德操守，筑牢“不想腐”的思想道德基础；倡导领导干部要带头明大德、守公德、严私德，汲取前车之鉴，自觉加强党性修养，把廉洁要求贯穿在自己的一言一行中，融入对党员干部的日常教育管理监督之中，正心修身、守住为政之本；倡导领导干部要把家风建设作为自身作风的重要内容，继承发扬中华民族优秀传统美德，与时俱进传承孝悌忠信、礼义廉耻等行为规范，从严管理亲属子女，在修齐基础上尽好治平之责；倡导领导干部要做革命文化的弘扬传承者，带头讲好党的故事、革命的故事、英雄的故事，自觉从党的百年奋斗历程中汲取力量，勇做革命先辈艰苦朴素、勤俭节约、公而忘私的接力人，切实传承好革命廉洁基因，筑牢廉洁文化的思想精神根基。

国有企业纪检人员应注重修好四项“诗外功”

习近平总书记在二十届中央纪委二次全会上强调：“纪检监察机关是推进全面从严治党的重要力量，使命光荣、责任重大，必须忠诚于党、勇挑重担，敢打硬仗、善于斗争，在攻坚战持久战中始终冲锋在最前面。”国有企业纪检人员是推进全面从严治党、从严治企，护航企业高质量发展的关键力量。企业纪检人员除了必须具备较高的素质和政治理论水平、较强的业务能力和担当作为外，还应注重修好善于斗争的“诗外功”。

何为“诗外功”？陆游在《示子遹》一诗中写道：“汝果欲学诗，功夫在诗外。”“诗外功”意指积微成著的积累，格物致知的探索，身体力行的实践。“诗外功”是与写诗紧密相连的文化底蕴与能力支撑，也是广义的才华素养与本事。企业纪检人员的“诗外功”，说到底就是在那些纪检本职业务之外，又与做好纪检工作密切相连、息息相关的素养能力与本领。结合当前企业纪检工作实际，笔者认为企业纪检人员应注重修好以下四项“诗外功”。

一、聚焦新形势新任务，提升对规律性特征发展趋势的把控预判功

习近平总书记指出，“领导干部要有草摇叶响知鹿过、松风一起知虎来、一叶易色而知天下秋的见微知著能力，对潜在的风险有科学预判，知道风险在哪里，表现形式是什么，发展趋势会怎样，该斗争

的就要斗争。”企业纪检人员作为党风廉政建设和反腐败工作的操盘者和执行者，要注重培养提高从政治上感知思考问题，善于登高望远、把握大势、前瞻研判的能力，这是潜在素养本领拓展的需要，也是确保企业纪检工作发展方向的必需。政治敏锐思维来自点滴学习积累，深入学习习近平新时代中国特色社会主义思想，重在学深悟透其丰富思想内涵，不断提高对研究预判形势、把握走势重要性的认识，运用蕴含其中的世界观、方法论，提升认知客观事物精髓要义的能力，使其作为武装头脑的思想武器，不断提高深谋远虑、把握大势、辨清走势、审时度势的素养能力。企业纪检人员要自觉成为政治的敏锐者和思维超前者，善于结合企业廉政建设实际，站在时代发展的前沿，及时发现那些具有时代特征的规律性问题，作出具有前瞻性的预判。当前，彻底消除腐败的土壤和条件还没有从根本上形成，工程建设、企业商务运行、招投标、投资合作、物资和队伍使用等各领域、各方面，还不同程度存在权力腐败的潜在条件和风险，有的项目经理虽然只是科级，手里却常常掌握着数十亿的工程项目，长期面临各种诱惑和风险挑战。“操千曲而后晓声，观千剑而后识器”，企业纪检人员要结合来自现实的评估预判，加强对企业纪检工作的超前布局与对策预置，面对不断出现的新情况、新特征，善于发挥前瞻性、辩证性思维优势，透过现象看本质，抓住根源找规律，依据研判成果制定形成既紧跟时代步伐，又具有很强针对性和操作性，既完全符合企业发展实际，又具有很强指导性、前瞻性的对策措施，真正在预判思维能力上跨上新台阶，为做好企业纪检工作奠定良好的基础。

二、聚焦自身清正廉洁，提升抵御诱惑风险的免疫功

习近平总书记指出：“要坚持以党性立身做事，弘扬伟大建党精神，勇于自我革命，在党风廉政建设和反腐败斗争一线砥砺品格操守，在围绕中心、服务大局中彰显担当作为，在各种风险挑战中筑牢坚强屏障。”企业纪检人员作为企业纪检监督工作的执行落实者，自身政治品格操守和立身做事的形象，具有一定的廉政建设风向标作用。面对来自各方面的诱惑考验和风险挑战，企业纪检人员要把守住清正廉洁本色、提高抵御各种诱惑侵蚀的能力作为一种必备的品格素养。企业纪检人员要在繁华多彩的社会中耐得住寂寞，要善于确立自身职业定位，作为及时清理“污垢”的“清洁工”和党的形象的维护者，要把强化政治意识、严守政治规矩、保持政治本色作为一切言行的根本遵循，不为社会各种风潮所动，始终以严谨平和的心态对待工作，乐于寂寞、甘于寂寞、不怕寂寞，善于在繁重紧张的工作中锻炼自己、打磨自己，铸造以苦为乐、甘于付出的平常心和奉献精神。要在各种利益面前经得住诱惑，企业纪检工作往往涉及的都是具体的人和项目，常常与数额巨大的财和物紧密相连，长期工作在这样的环境中，要心有警钟、眼有戒尺，既要有防范“温水煮青蛙”的本领，也要有经得住金钱、美色诱惑和各种围猎的能力。要在原则与情义之间守得住底线。纪检人员从事反腐败工作，平时交往的亲友中难免会出现腐败分子和腐败现象，在工作纪律与个人情感之间，纪检人员要善于保持清醒头脑，把握党的事业与个人交往的政治定位。要严守纪检工作保密纪律，在涉及案件问题上决不跑风露气。要在衡量案件性质标准上不融入任何感情因素，不搞人为政策倾斜。日常交往的熟人中出现涉及腐败情况的，要该提醒的提醒，该制止的制止，该查办的查办，不能搞区别对待和无原则照顾，更不能违规成为腐败者的保护伞。纪检人员只有下大力具备“百毒不侵”素养，才能不断提升全面过硬的免疫能力。

三、聚焦下基层知实情，提升对一线的调研功

习近平总书记指出：“人民对美好生活的向往，就是我们的奋斗目标。”国有企业的人民重点在基层，及时倾听掌握一线职工群众的呼声，既是纪检部门始终保持心系职工群众、服务基层的本色，也是一项必须学深学好的潜在素质本领。善于沉下去、沉到底，到职工群众中搞调研、摸实情。企业纪检人员要有一种眼睛向下、不怕吃苦的精神，除了完成专项纪检业务工作外，还应养成少坐机关、多往下跑的习惯，善于吃行万里路的苦，注重感受沿途的成长和真实景色。通过深入基层、聚焦基层，熟悉工作在一线的职工群众，与他们打成一片，了解掌握那里的工作部署、存在的现实问题、群众的所思所想，让自己在不断掌握大量情况中变成基层通、信息通。多与基层手相牵、心相连。拥有基层群众的多少信任，就可能拥有多少来自基层的真实情况信息，走进基层、深入一线不能满足于走马观花，要有当学生的虚心和摸实情的诚心，还要注重与人接触交流的方式和方法。要从善于接地气开始，学会用群众喜闻乐见的语言说话办事，风格上实打实，不兜圈子、不绕弯子，让人看到自己的坦诚和实在。要在表述方式上灵活多样、简单明了，让职工群众听起来生动鲜活、简单易懂，避免产生陌生感和距离感。要有手相牵、心相连的主动意识。深入基层是一个向职工群众学习的机会，也是了解情况、增长才干的重要路径，掌握了这个本领，就等于打开了一片广阔天地。要乐于倾听和回应基层的呼声。纪检人员有了下沉基层、深入调研的能力，相当于有了工作的千里眼和完成任务的倍增器。对于来自各方面的不同信息，还要拥有归类甄别、适当把控的能力，不可望风扑影、听风是雨。对于来自基层的各种呼声，只要与职工群众利益密切相关的，都应及时向上

反映并作出回应反馈，纪检人员要善于换位思考，既要主动与职工群众站在一起，也要讲原则、守规矩，切实帮助基层解决好存在的现实难题。

四、聚焦企业长远建设，提升对廉政文化的构建传播功

习近平总书记指出："要把不敢腐、不能腐、不想腐有效贯通起来，三者同时发力、同向发力、综合发力，把不敢腐的震慑力、不能腐的约束力、不想腐的感召力结合起来。"这"三力"的有机结合，是全面加强廉政体系建设的重要组成部分，其中最重要的部分就是廉政文化建设，这是解决世界观和主观意志的，也是管总的。企业纪检人员不仅要有确保不敢腐、不能腐的监督力和执行力，还要在思想上乐于当一个廉政文化的构建传播者，把自己廉政文化方面的素养能力作为一项潜在本领才能，进行有意识的学习积累和提升。要注意提高筹划能力，善于着眼企业发展实际，把廉政文化体系建设作为一个长期的基础工程，融入企业运行管理的不同领域、各个方面，纳入企业建设的全流程、各阶段。企业纪检人员要注重廉政文化的学习和积累，首先要当好廉政文化的明白人和引领者，善于在古今中外廉政文化中汲取丰富文化精髓，用丰厚的文化底蕴奠定传播廉政文化的基础。要深耕廉政文化体系建设，通过整体筹划、制定发展路线图、设定阶段性目标、运用先进典型引领，实行与家庭共建、与职能部门共建、与属地纪委监委共建等，把各方面的力量进行有机整合融合，纳入廉政文化体系建设之中，不断打造形成强大的廉政文化土壤氛围，提高文化传承的滋养力和引领力。企业纪检人员廉政文化的底蕴积累，某种程度上体现了其自身的职业素养和形象。

企业纪检人员的"诗外功"是一种底蕴和积累，也是一种素养和本领。尽管提升的路径方式有很多，但说到底关键在于抓住根本，在于付出努力和始于足下。只要始终坚持从习近平新时代中国特色社会主义思想中汲取奋发进取的智慧和力量，绵绵用力、久久为功，就一定会用自己“诗外功”的不断提升，为纪检工作提供丰富鲜活的滋养，为企业全面实现高质量发展提供坚强有力的保证。

廉洁文化建设助力“三不腐”一体推进的实践研究

——以中铁工业“六廉”文化品牌为例

2022 年 10 月 16 日，习近平总书记在中国共产党第二十次全国代表大会上（以下简称党的二十大）作报告时指出：“腐败是危害党的生命力和战斗力的最大毒瘤，反腐败是最彻底的自我革命。只要存在腐败问题产生的土壤和条件，反腐败斗争就一刻不能停，必须永远吹冲锋号，坚持不敢腐、不能腐、不想腐一体推进，以零容忍态度反腐惩恶，决不姑息。”站在新的历史起点上，我们必须清醒意识到滋生腐败的土壤仍然存在，党风廉政建设和反腐败斗争形势依然严峻复杂。我们必须加深对新形势下党风廉政建设和反腐败斗争的认识，提高“三不腐”一体推进的能力和水平，不断巩固发展反腐败斗争所取得的压倒性胜利，保障全面从严治党不断向纵深推进。

2022 年 2 月 24 日，中共中央办公厅印发的《关于加强新时代廉洁文化建设的意见》（以下简称《意见》）指出，必须站在勇于自我革命、保持党的先进性和纯洁性的高度，把加强廉洁文化建设作为一体推进不敢腐、不能腐、不想腐的基础性工程抓紧抓实抓好，为推进全面从严治党向纵深发展提供重要支撑。加强廉洁文化建设，是我们党一贯坚持的鲜明政治立场，是党自我革命必须长期抓好的重大政治任务。按照《意见》的要求，中铁工业党委全面落实党中央、国务院国资委党委、中国中铁党委的工作部署，切实担负起廉洁文化建设的政治责任，坚持以习近平新时代中国特色社会主义思想为指导，全面贯彻党的二十大精神，增强“四个意识”、坚定“四个自信”、做到“两个维护”，始终把党的政治建设放在首位，把廉洁文化建设纳入党风廉政建设和反腐败工作布局进行谋划，坚持思想建党和制度治党同向发力，有机融合马克思主义基本原理与中华优秀传统文化，立足企业实际，全力打造中央企业自己的“六廉”文化品牌，助力“三不腐”一体推进。

中铁工业“六廉”文化模型

“六廉”文化品牌，是指中铁工业“守正创新，六廉兴企”的文化建设成果，是中铁工业厚植清正廉洁思想根基的高度凝练，是中铁工业推动新时代廉洁文化建设深入开展的主要抓手。

“守正创新”是指中铁工业全面落实习近平总书记对党和国家工作提出的“守正创新”明确要求，将“守正创新”转化为引领企业高质量发展的理念驱动。“守正”，即坚守正道。习近平总书记指出：“要坚守正道、追求真理，立足我国国情，放眼观察世界，不妄自菲薄，不人云亦云。”中铁工业贯彻落实“守正”理念，旨在要求党员干部立足企业改革发展实际，把握历史发展规律，守住党纪国法的底线，坚持初心不改变、航向不偏离、决心不动摇。“创新”，是指创新驱动企业高质量发展。习近平总书记指出：“创新是民族进步之魂。”中铁工业贯彻落实“创新”理念，旨在要求党员干部通过理论创新、实践创新，实现党的领导与公司治理有机统一、思想政治工作和企业文化建设有机统一、党建责任与经营责任有机统一。“守正”与“创新”二者相辅相成、辩证统一，只有立足传统，才能突破传统；只有依托现实，才能推动变革。

“六廉兴企”是中铁工业以《周礼》中的“六廉”思想为基础，立足旗帜鲜明的红色基因、守正创新的企业文化、“三不腐”一体推进的工作成效，总结提炼形成的廉洁文化品牌。“六廉”具体指党员干部必须具备的“廉善、廉能、廉敬、廉正、廉法、廉辨”六种品质。“廉善”即“以人为本、善待群众的为民情怀”，贯彻群众路线，尊重人民首创精神，形成同心圆梦的强大合力；“廉能”即“敢于担当、有所作为的业务能力”，树立选人用人正确导向，建设堪当大任的高素质干部队伍；“廉敬”即“恪尽职守、勤勉敬业的工作态度”，不负使命，不辱重托，走好新时代的赶考之路；“廉正”即“廉洁自律、持方守正的道德品行”，自我净化、自我革命，时刻牢记全面从严治党永远在路上，党的自我革命永远在路上；“廉法”即“遵纪守法、依法治企的法治观念”，健全党统一领导、全面覆盖、权威高效的自我革命制度规范体系；“廉辨”即“头脑清醒、明察果断的领导素质”，坚持不懈用习近平新时代中国特色社会主义思想凝心铸魂。

一、“六廉”文化建设助力“三不腐”一体推进的背景

（一）落实总书记“三个转变”重要指示的要求

中铁工业是由中铁山桥、中铁宝桥、中铁科工和中铁装备等 4 家核心工业企业重组而成的上市公司，现有 11 家全资及控股子公司，主要业务范围涵盖地铁和隧道施工装备、铁路道岔、钢桥梁钢结构、搬提运铺架机械等四大领域，盾构机连续十年国内市场占有率第一，连续五年全球产销量第一，尤其在异形盾构机研制上实现三连跳，多次刷新世界纪录；道岔和特大型钢桥梁国内市场占有率超过 60%，累计制造钢桥 5000 余座，创造了 70 次跨越长江、40 次跨越黄河、33 次跨越海湾的骄人业绩；铁路铺架设备市场占有率达 90%，是我国铁路施工搬、提、运、架、铺设备的领军企业。全断面隧道掘进机、桥梁用钢结构、道岔、架桥机等主项产品全部入选工信部“制造业单项冠军”，作为行业“隐形冠军”助力中国桥、中国隧道、中国高铁成为世界亮眼名片。中铁工业自 2017 年重组上市以来，开启了中国中铁工业制造板块快速发展的新阶段。

2014 年 5 月 10 日，习近平总书记视察中国中铁装备集团，作出“推动中国制造向中国创造转变、中国速度向中国质量转变、中国产品向中国品牌转变”（以下简称“三个转变”）的重要指示。作为“三个转变”重要指示的首倡地，在国务院国资委、中国中铁的领导下，中铁工业牢记总书记嘱托，以只争朝夕的奋斗姿态，努力建功新时代、奉献共同体，切实把践行“三个转变”重要指示转化为企业高质量发

展的具体行动，全面从严治党的政治引领和政治保障作用充分发挥，管党治党宽松软状况得到根本扭转，广大职工对反腐败工作的满意度稳步提升。

但是，从巡视巡察和执纪审查等工作反映的情况来看，个别单位“把方向、管大局、保落实”作用发挥不充分，党建引领企业高质量发展的思路不够新、方法不够多、措施不够硬，选人用人导向还有偏差，法治央企建设还有一定不足，党员领导干部和员工出现违规违纪问题在一定范围内依然存在，直接影响中铁工业践行“三个转变”重要指示的发展质量。考虑到当前反腐工作正处于“船到中流浪更急，人到半山路更陡”的特殊时刻，正处于常态化坚持惩治腐败无禁区、全覆盖、零容忍阶段，正处于重遏制、强高压、长震慑的紧绷状态，中铁工业应时提出“六廉”文化建设助力“三不腐”一体推进，从加强政治建设、思想建设入手，以廉洁文化建设实起来、强起来深化全面从严治党工作。

（二）中华优秀传统文化与马克思主义基本原理的有机结合

党的十八大以来，党中央在反腐败斗争中取得了显著成效、积累了重要经验，“三不腐”一体推进，是全党推进党风廉政建设和反腐败斗争经验的发展和创新。“三不腐”一体推进的关键在于把握三者相互依存、相互促进的有机关系，实现三者同时发力、同向发力、综合发力，坚决杜绝“上热下冷”、压力层层衰减等现象，实现目标打造与企业生产经营精准结合，维护国有企业党风廉政建设和反腐败工作的成效。现阶段，“三不腐”一体推进的工作中，“不想腐”是根本，也是难度最大的。“三不腐”一体推进的攻坚工作是厚植企业反腐文化，保障“三不腐”一体推进的协同性。文化的力量，无形而有质，温润而持久。当前，在以习近平同志为核心的党中央领导下，反腐败斗争取得压倒性胜利并全面巩固，我们必须顺应“时”与“势”的变化，在持续保持高压态势不放松的基础上，投入同等精力，下力气下功夫抓好廉洁文化建设，培育新时代清正廉洁的价值理念。

考察五千年中华文明史，中华优秀传统文化凝聚着国家传承、发展的精神和命脉，沉淀着民族更深沉、更坚定、更广泛的力量。中铁工业所属单位中铁宝桥所在地位于周秦文化的发祥地——宝鸡，这里不仅是中华文明的源头，也是中国廉政思想和廉政文化的起源地，其作为西周的政治文化中心，孕育出来的廉政文化具有至高性和规范性。《晏子春秋·内篇杂下》记载：“廉者，政之本也。”“廉”字就由“有隅有棱、收敛、锋利的侧边”转化引申为“清廉、方正、刚直、俭约、明察”之意，并运用在政治领域中。在百家争鸣的春秋战国时期，“廉”字的内涵也被诸子百家广泛深入地探讨，并应用于廉政制度中，据《周礼·天官冢宰》记载：“（小宰）以听官府之六计，弊群吏之治。一曰廉善，二曰廉能，三曰廉敬，四曰廉正，五曰廉法，六曰廉辨。”小宰将是否善于行事而获得声誉，是否能行政令，是否不懈于职位，是否品行方正、没有邪恶，是否守法不失，是否头脑清醒、明辨是非等作为评断官吏的治理能力的六项标准，同时在善、能、敬、正、法、辨“六事”前面，均加上了一个“廉”字，“六廉”也由此诞生。我国历史上一以贯之的德才并重的考核考课制度，就是由此发展而来的。

中铁工业从习近平总书记关于实现马克思主义基本原理与中华优秀传统文化相结合的重要论述中，找到了“六廉”文化建设的答案，那就是在企业党风廉政建设中增加廉洁文化含量、营造廉洁文化生态、强化廉洁文化涵养功能，以《周礼》中的“六廉”思想为基础，总结提炼形成了“守正创新、六廉兴企”的廉洁文化理念。“六廉”文化建设，意在通过廉洁文化的潜移默化熏陶，把对党员干部的软约束转化为党员干部的内在自觉。

（三）廉洁文化服务企业高质量发展的实践提炼

在新时代推进廉洁文化建设中，需要坚持严的主基调毫不动摇，不断巩固、充分利用全面从严治党所形成的坚实基础和强大势能，在系统观念指导下、在“三不腐”一体推进框架中助力企业高质量发展。中铁工业“六廉”文化建设立足于不敢腐、不能腐、不想腐这一有机整体，注重以德润心、以文化人，通过把握其内在联系，系统谋划设计、完善体制机制，促进党员干部和广大职工群众觉悟提升，解决了主观上“不想腐”的问题，经过管党治党的严格锤炼和“六廉”文化的不断熏陶，惩治的震慑效应更为凸显，制度约束效果更为强化，党委领导作用得到充分发挥，党员领导干部的政治判断力、政治领悟力、政治执行力明显提升，改革任务得以有力推进，正推动中铁工业这个高端装备制造企业的新发展理念从蓝图变为现实。

“六廉”文化建设坚持“中铁工业一盘棋”思维和方法，将廉洁文化建设纳入党建责任制和纪委书记履职考核，让主体责任与监督责任同向发力，形成发挥整体合力的工作机制，有效传导压力、明确责任。“六廉”文化建设综合运用教育引导、舆论宣传、文化熏陶、实践养成、制度保障等方式，与时俱进探索创新更多更加贴近企业实际、职工生活的有效形式和载体，融入企业中心，坚持将正风肃纪反腐与企业全面深化改革、完善制度、促进治理贯通起来，让求真务实、清正廉洁的新风正气不断充盈，不敢腐的震慑更加有力、不能腐的约束更加有效、不想腐的思想更加自觉，有效深化国有企业党风廉政建设和反腐败工作向纵深发展。

中铁工业“六廉”文化建设坚持党委统一领导，纪委牵头组织，有关部门齐抓共管、各展所长，形成发挥整体合力，通过对企业文化和优秀历史传统文化进行总结、凝练、再创造，不断融入管党治党、企业治理各方面、全过程，建造独具特色的线上线下“六廉”工作室，与14个省市区纪委监委开展监企共建，和地方开展形式多样的文化交流，形成“平台铸廉、睹物思廉、阳光照廉、文化兴廉”四项工程，打造了有形的廉洁文化阵地、创造了有效的廉洁文化传播载体、开展了有力的照廉促产行动、推动了亮点纷呈的廉洁文化特色活动，广泛播撒廉洁文化的种子，营造了良好的干事创业、亲商清商、企风家风环境，真正将廉洁文化建设的落脚点放在了政治生态建设上、企业治理成效上、全体党员干部队伍的清廉素质提升上，有效助力“三不腐”一体推进在企业的落实落地，护航国有企业健康持续高质量发展。

二、“六廉”文化建设与“三不腐”一体推进的辩证关系

习近平总书记关于“从治标入手，把治本寓于治标之中，让党员干部因敬畏而‘不敢’、因制度而‘不能’、因觉悟而‘不想’”的重要论述，为中铁工业廉洁文化建设深度融入“三不腐”一体推进、打造“六廉”文化品牌运行机制指明了方向和思路。

从根本上说，“六廉”文化建设就是针对腐败问题产生的土壤和条件展开的斗争。只有彻底铲除腐败问题产生的土壤和条件，才能最终打赢反腐败斗争攻坚战持久战；只有彻底铲除腐败，才能真正实现最彻底的党的自我革命。“六廉”文化建设是在党的二十大以后有效应对反腐工作出现的新形势新情况新问题，深入推进反腐败斗争的强大动力。廉洁文化建设在国资央企系统中的重要性尤其突出。百年变局和世纪疫情相互交织，国际形势继续发生深刻复杂变化，国内全面

深化改革开放任务艰巨繁重。作为国民经济的稳定器、压舱石，国资央企为稳定宏观经济大盘、更好服务国家战略，不仅需要以改革促活力、以创新强韧性，更需要以高质量党建引领保障高质量发展、着力防范化解风险。与此同时，贪腐手段呈现出隐形变异、翻新升级等阶段性特征，毫不避讳地讲，新型贪腐更容易发生在一个时刻与钱打交道的领域。此时在国资央企系统强调廉洁文化建设助力“三不腐”一体推进，不仅要继续完成以零容忍态度反腐惩恶的工作、不断提升以零容忍态度反腐惩恶的能力，更要促进廉洁理念在国资央企系统深入人心，工作对象要从“关键少数”扩大到“绝大多数”并延伸到“全体员工”，全面锻造一支高质量生产经营队伍，全面保障企业高质量发展又好又快地向前推进。中铁工业打造的“六廉”文化品牌具有可复制性、可借鉴性，能够为其他希望通过廉洁文化建设助力“三不腐”一体推进的中央企业、地方国有企业乃至民营企业提供中铁经验和中铁样本。

从“三不腐”一体推进的本体来看，“不敢腐”是纪律、法治、震慑，侧重于保持高压、持续震慑，是“不能腐”“不想腐”的前提；“不能腐”是制度、监督、约束，侧重于扎紧笼子、堵塞漏洞，是“不敢腐”“不想腐”的保障；“不想腐”是认知、觉悟、文化，侧重于提高思想觉悟、坚定理想信念，是“不敢腐”“不能腐”的防线。从“六廉”文化品牌来看，“不敢腐”属于“六廉”文化品牌的行为层面问题，“不能腐”属于“六廉”文化品牌的制度层面问题，“不想腐”属于“六廉”文化品牌的理念层面问题。基于此，“六廉”文化品牌为“三不腐”一体推进提供柔性约束、制度支撑和价值引领，“三不腐”一体推进为传承弘扬“六廉”文化品牌提供刚性保障，两者相辅相成、相得益彰。

（一）行为层面，持续发挥“六廉”文化的柔性约束功能，不断强化“不敢腐”的威慑效果

“六廉”文化建设与强化“不敢腐”的威慑效果之间，具有根本的、不可忽视的内在逻辑关系。随着我国反腐败形势逐渐发生变化，不敢腐、不能腐、不想腐的氛围在中央企业当中也逐渐形成。此时，我们的反腐理念，在更大程度、更深层次上成为中央企业党员领导干部广为接受的认同感和价值观。“不敢腐”的威慑效果，不仅仅是针对“得罪千百人”的严厉惩罚，更是针对“不负十四亿”的道德教化。在威慑效果下，“十四亿”与“千百人”之间天然地形成道德对立的关系，任何人没有超越法律的特权，守法者最光荣，违法者最可耻。而道德上，则需要通过思想上的教化实现柔性约束，最终通过支撑反腐败工作来支撑中国特色社会主义现代化建设。

思想是本，行动是形，本正则形立。越是“反腐败斗争压倒性态势已经形成”，越要守好思想这个“总闸门”，这样才能把握好治标与治本、惩治与预防、阶段性与连续性的关系，坚持问题导向和目标导向相结合，冷静客观、辩证统一地分析判断反腐败斗争的新形势新任务，把思想上的正确方略转化为战术上的科学部署，巩固来之不易的反腐成果。因此，“六廉”文化建设，必须发挥廉洁文化在培育弘扬主流价值、提升党员领导干部廉洁自觉、推动企业实现高质量发展中的重要作用。其重点在于对于党员领导干部的价值塑造和对于企业高质量发展的支撑。对于中铁工业，其主要抓手就是“六廉”文化品牌。

中铁工业打造的“六廉”文化品牌，着眼于廉洁文化在思想、心理及价值取向方面的柔性约束，所蕴含的“守正创新、六廉兴企”的廉洁理念、“廉善、廉能、廉敬、廉正、廉法、廉辨”的廉洁品质等，

会不知不觉地渗透到人们的行为准则、价值观念、道德标准之中，使人不断产生思廉、崇廉、尚廉、践廉的价值理念。在“三不腐”一体推进中，要把“六廉”文化中所蕴含的为官从政思想，与深入贯彻学习习近平新时代中国特色社会主义思想、党和国家大政方针、全面从严治党、企业高质量发展、党员领导干部作风建设密切联系起来，建立针对广大干部职工特别是各级领导干部的柔性考核指标，对各级领导干部的言行、举止、作风、形象、口碑等进行柔性约束，引领各级领导干部明法纪、知敬畏、存戒惧、守底线，养成正确的世界观、人生观、价值观，在行动上自觉远离“不敢腐”的“高压线”。

（二）制度层面，持续发挥“六廉”文化的制度支撑功能，不断扎紧“不能腐”的笼子

“六廉”文化建设与扎紧“不能腐”的笼子之间，具有根本的、不可忽视的内在逻辑关系。从党的十八大以来的反腐体制机制建设来说，《中华人民共和国监察法》的出台、监察委员会的成立并与同级纪委合署办公，加强了党对反腐败工作的集中统一领导，实现了对所有公职人员的监察全覆盖，反腐败工作的法治化、规范化水平大幅度提升。从反腐败工作立场态度来说，以习近平同志为核心的党中央团结带领全党全国各族人民构筑的反腐败理想信念，是推动反腐败工作从胜利走向新的胜利的精神支柱、力量之源。要将反腐败斗争进行到底，就必须清醒认识腐蚀和反腐蚀斗争的严峻性、复杂性，认识反腐败斗争的长期性、艰巨性，就必须筑牢反腐败的理想信念，更好统一全党全国人民的思想和意志，汇集起攻坚克难、奋力前行的强大精神力量。反腐败理想信念的确立和巩固是一个长期的、历史的过程，相应地，“六廉”文化建设的功能就是要摆脱纯理念层面上容易发生的问题，诸如重视“工具理性”而忽视“价值理性”、偏于主观倾向忽视现实工作、只管“关键少数”不管“绝大多数”，等等。有鉴于此，“六廉”文化建设需要常态化制度化推进，发挥制度支撑的功能，不断扎紧“不能腐”的笼子。

制度反腐一直是我国反腐工作的主流主线。“徒法不足以自行”，制度反腐具有根本性、全局性、稳定性和长期性。“六廉”文化建设，一定是建立在制度反腐不断推进过程中的一种廉洁文化形态和企业工作方式，一定是通过制度反腐理念和法治思维模式驱动反腐体制机制的建立与运行，包括反腐工作的价值目标追求、廉洁的理念和精神、反腐体制机制运行模式、科学评价反腐的实现状态等，在国资央企系统形成知法懂法守法护法的文明状态。相应地，只有加强制度反腐建设，才能营造符合反腐工作规律、符合党员领导干部和广大职工利益、符合廉洁道德伦理的反腐败工作环境，才能真正推动党员领导干部带头笃信廉洁文化、纪检依法办案自觉践行廉洁文化、企业高质量发展悉心培育廉洁文化。当前，我国已建成中国特色社会主义法律体系，国资央企系统反腐工作基本实现了有法可依，然而，国资央企工作有其特殊性，企业有必要在生产经营过程中把立法成果转化为保障企业高质量发展的反腐规章制度。

“六廉”文化品牌是中铁工业从我国廉政思想遗产中的精华中汲取而得的，充分融合了中华优秀传统文化、红色革命文化、社会主义先进文化、新时代企业文化，并蕴含着规范领导干部廉洁从业的规章制度、法律法规、企风企俗、乡风民俗等，是我们进行自我革命、坚持全面从严治党、制定廉洁制度的不竭源泉，为“三不腐”一体推进提供了强大的制度支撑。“不能腐”是“三不腐”一体推进的关键环节，通过不断建立健全和贯彻实施制度，重视制度治理和监督约束，完善管权治吏的体制机制，强化对领导干部权力监督的全覆盖、有效性；通过深入持续开展遵法、学法、守法、用法工作，推动领导干部带头尊崇法治、敬畏法律，了解法律、掌握法律，遵纪守法、捍卫法治，厉行法治、依法办事，不断提高运用法治思维和法治方式深化改革、推动发展、化解矛盾、维护稳定、团结职工的能力；通过扎实开展企风企俗、乡风民俗的学习，引导领导干部自觉践行社会主义核心价值观，传承中华优秀传统文化中的优良基因，践行企业长期以来形成的好习惯、好作风、好风气，以身边榜样和身边先进为镜鉴，教育好自己、教育好家人、教育好身边人，推动“六廉”文化和“不能腐”深度融合紧密结合，持续打好“预防针”，不断敲响“警世钟”，从制度上遏制引发腐败滋生的苗头性、倾向性问题。

（三）理念层面，持续发挥“六廉”文化的价值引领功能，不断筑牢“不想腐”的思想防线

“六廉”文化建设与筑牢“不想腐”的思想防线之间，具有根本的、不可忽视的内在逻辑关系。“六廉”文化建设的内核是廉洁价值观念。当代社会，是廉洁价值观念而不是腐败价值观念才能真正反映国资央企系统党员领导干部和广大职工的利益和需求，并且渗透在党建引领生产经营的方方面面。只有将廉洁文化价值观的影响力深深地烙印在企业的每一个细胞当中，才能为企业打造最讲政治、最讲大局、最有效率的生产经营环境。“六廉”文化建设是国资央企系统世界观和方法论的重塑与夯实工程，坚持习近平新时代中国特色社会主义思想，抓住马克思主义基本原理与优秀传统文化的结合点，深刻地影响到企业每一个人在建设中国特色社会主义现代化过程中的认识和价值判断。

同样，“六廉”文化建设需要“三不腐”一体推进的价值目标导引。“三不腐”一体推进为“六廉”文化建设提供了为谁反腐、为什么反腐、如何反腐的指引。如果说“三不腐”一体推进的重心是反腐工作持续吹响冲锋号，那么“六廉”文化建设的发展方向就应当是全员廉洁价值观念的认知和守持。“六廉”文化建设需要为“三不腐”一体推进提供正确价值导向，以便在反腐工作中不断校准修正认识上的模糊和实践中的偏差。

“六廉”文化建设的价值理念是在中铁工业长期生产经营实践基础上产生的，构成“三不腐”一体推进的基础和动力。廉洁文化是新时代企业高质量发展的精神动力，体现为反腐高压态势下的企业意识形态，是对全体党员领导干部和广大职工的思想精神状态的塑造，有必要从群众中来、到群众中去，全面贴近群众生产经营实际，为企业高质量发展提供必要的精神食粮。理想信念动摇是最危险的动摇，理想信念滑坡是最危险的滑坡。应当承认，并不是每一个落马的腐败分子都是一开始就腐败的。通过纪检巡视工作考察可以发现，腐败分子犯错误、出问题、栽跟头，大都是从理想信念动摇开始走上自我毁灭之路的。触手可及的利益，奉献给党和人民就是丰功伟绩、攫为己有就面临牢狱之灾，一念之间的差别在于为了党和人民还是为了一己私欲。只有理想信念动摇的人才会选择后者，而逐渐滋生经济贪婪、生活腐化、道德沦丧、作风专横。精神世界的藏污纳垢、政治信仰的变节背叛是导致违法乱纪现象的根本原因。“六廉”文化建设助力“三不腐”一体推进，就是要通过筑牢拒腐防变的思想道德防线，要求全体党员领导干部坚持用习近平新时代中国特色社会主义思想武装头脑、净化灵魂、指导实践，不断潜心研学、悉心感悟、倾心践行，坚定地在中国式现代化道路上撸起袖子加油干。

古人曾说，“廉者，政之本也。”“六廉”文化坚持以腐为耻、以廉为荣的“荣辱观”“廉耻观”，指引领导干部自觉接受文化的影响，校准自己的行为，并内化为廉洁行动的自觉，为“三不腐”一体推进提供了“坚持什么、反对什么，提倡什么、抵制什么”的价值导向。特别是所蕴含的“六廉”思想，指出为官者既要具备能力，又要廉洁，在任何时候都要稳得住心神、管得住行为、守得住清白，做到权为民所用、利为民所谋，让求真务实、清正廉洁的新风正气贯穿之中。具体而言，就是要恪守廉善，善于行事，能把事情做好；廉能，能行政令，有为政的能力；廉敬，敬守职位，谨慎勤劳；廉法，守法不失，执法不移；廉正，品行方正，清洁正直；廉辨，头脑清醒，明辨是非，这正是新时代加强领导干部内在思想防线的着力点，足以警示领导干部更加珍惜自己的“羽毛”，从“他律”逐步走向“自律”，始终做到“出淤泥而不染，濯清涟而不妖”，使廉洁从业成为一种行为方式、一种文化素养，真正筑牢“不想腐”的思想防线。

三、“六廉”文化建设助力“三不腐”一体推进的创新实践

“守正创新，六廉兴企”的“六廉”文化品牌，是中铁工业全体党员领导干部和广大职工对企业当前党风廉政建设和反腐败工作“最大公约数”的表述，具有强大的生命力和引导力，有效推动了企业党风廉政建设与改革发展、创新创效、经营生产的协调推进。“六廉”文化成果获得第二十八届全国企业管理现代化创新成果二等奖，并入选国务院国资委重大课题研究成果、中共中央党校出版社出版的《新时代国有企业党建工作探索创新研究》。在助力“三不腐”一体推进过程中，中铁工业聚焦“六廉”文化品牌“内涵 + 外延”双向拓展，

着眼“不敢腐”“不能腐”“不想腐”三个维度精准发力、精准施策，杜绝跑冒滴漏，确保廉洁文化建设精准滴灌“三不腐”一体推进各个环节，助力全面从严治党在企业有效落实。

（一）“六廉”文化建设的“柔”增强不敢腐“刚”的韧度

全面从严治党，既要靠治标，猛药去疴，重典治乱；也要靠治本，正心修身，涵养文化。在推进“不敢腐”的震慑持续强化过程中，以“六廉”文化建设引导广大党员干部、职工群众实现由畏惧惩处而不敢到敬畏纪法而不做的转变。

1. 加强学习教育，增强不敢腐的内生动力

一是坚持政治引领，把习近平总书记关于党风廉政建设、廉洁文化建设的重要论述纳入党委会、党委中心组学习会，纳入党员教育培训重要内容。从党员领导干部学起、抓起、做起，坚持学思用贯通、知信行统一，以上率下、示范引领，以理论上的坚定保证行动上的坚定，以思想上的清醒保证用权上的清醒，带头坚定政治信仰、带头严肃党内生活、带头严守纪律规矩，自觉主动抵制腐败、杜绝腐败、远离腐败。二是强化警示教育，将正风肃纪反腐新实践新成果转化为警示、教育和宣传资源，组织录制教育片和“影像册”，通过听取案件当事人“现身说纪”和“身边人”谈感受等形式如实还原违纪违法干部腐化堕落的蜕变轨迹，用身边事教育身边人。三是贯彻执行新形势下党内政治生活的若干准则，严格落实民主生活会有关规定，针对职工群众反映的问题线索，党员领导干部主动将接受党组织约谈、函询、问责情况及整改落实情况进行说明，接受组织监督，从而让本人再次接受教育，让参加民主生活会的党员领导干部引以为戒，守牢纪律规矩底线，确保民主生活会取得照镜正容、洗澡除尘、醒脑治病的效果。

2. 加强宣传引导，增强不敢腐的监督意识

一是在“六廉”文化建设中，以组织“六廉”党课、“六廉”工作室参观交流等形式，向广大职工群众讲清楚纪律底线、规则红线、法律带电高压线，厘清纪检组织的职责作用，让廉洁从业成为共识，让广大职工积极参与到反映腐败问题的自我斗争当中。二是广泛推广反映问题线索渠道。通过在公众号发布“六廉”节日提醒，将纪检组织信访举报邮箱、电话等信息及时有效广而告之，同时，建设并运行好“六廉”举报箱并将其积极推广到施工项目基地，打通监督的“最后一公里”。三是强化问题线索管理。聚焦职工群众反映的问题线索进行集中管理，对问题线索逐件编号登记，建立管理台账，定期汇总、更新、核对、督办问题线索处置情况，紧盯群众反映强烈的重点问题线索，加快处置进度，确保按期办结。四是做好形势任务教育。设置“六廉”文化长廊，定期更新党中央、上级党委以及企业对党风廉政建设和反腐败工作要求的展板，采取形势报告、理论宣讲、政策解读等方式，宣传阐释全面从严治党重大原则、重大任务和历史性成就，让职工群众看到企业推进党风廉政建设工作的决心和勇气，增强反腐败斗争必胜的信心。五是提高纪检干部工作素养。通过自学、集中学习研讨、邀请兄弟单位业务专家指导、纪检人员逐一“上镜”录制微视频等形式，集中创作了涵盖监督执纪问责、巡察全业务实操流程等的 100 集视频微课，实现了以编促学、以录促升、以用促效。编辑了监督执纪工作手册、模拟案卷、纪检工作实务等多套业务教材，解决好纪检干部不敢执纪、不会执纪、不能精准执纪的问题。

3. 加强共建共享，增强不敢腐的综治效能

一是加强内部共建共享。将党建工作室、劳模工作室、公司会议

室与“六廉”工作室建设融合考虑，实现一室多用。鼓励公司各部门、各机构以“六廉”工作室为载体开展“三会一课”、招标评标、设计联络等各类活动，潜移默化中让廉洁意识始终贯穿与会人员脑海，赋予“六廉”工作室助力企业生产经营的新意义。二是加强与相关方的沟通交流，与业主、供应商、协作队伍等相关方签订阳光协议，明确对行贿、受贿、吃喝娱乐、小恩小惠等行为的处罚措施，从源头上消除双方的顾虑和惯性思维，构筑规范的阳光运行机制，堵塞“关键领域”的风险漏洞。三是推动监企共建，通过签订《监企共建协议》，监企双方互聘监督员和指导员，开展廉洁文化共建活动，共同预防职务违法犯罪，建立纪法融合、相互促进的交流机制，畅通企业管理人员涉嫌职务违法犯罪后移交监委的通道，真正发挥“移交”的震慑。目前已与 14 个省、市级纪委监委形成共建格局，并建立监企共建“六廉”工作室，实现政治效果、纪法效果和社会效果有机统一。

4. 加强效果应用，增强不敢腐的震慑效果

一是严肃追责问责，教育千遍不如问责一人。强化警示震慑，做到警钟长鸣，充分发挥问责震慑效力，区分不同情况，精准运用“四种形态”转化，做到失责必问、问责必严。对符合党纪处分条例等规定可从轻、减轻处理情形的，酌情转化，做到“管住大多数”；对一把手顶风违纪、严重违反中央八项规定精神等情形的，善用形态转化，切实“惩治极少数”。二是坚持“一案双查”。对重点案件开展“一案双查”，既查直接责任，严肃查处违纪违法党员干部，又追查背后的主体责任、监督责任，特别是相关问题重复出现，听之任之，不担当、不作为的问题。在查深查透的基础上，对相关案件进行“解剖”，挖掘问题根源，推动建章立制，堵塞漏洞，做到系统治理。三是做到“清

心省廉”。在“六廉”工作室开辟“清心省廉”区，既用监督加压又用信任加力，加大对犯错误党员、干部的正向激励引导力度，及时开展思想教育工作，“浪子回头金不换”，促进干部从“知错”向“改错”、从“有错”向“有为”转变。

（二）“六廉”文化建设的“线”织密不能腐“面”的密度

“六廉”文化建设充分依托既有的工作机制，在制度机制执行过程中充分发挥文化覆盖面广、覆盖度深的优势，及时有效填补“不能腐”的笼子空隙，用文化“一针一线”贯通制度“一点一面”，既保障“密而不疏”，又确保“疏密有致”。

1. 围绕制度，突出重大问题的政治监督

政治监督在党内监督中居于根本和统领地位。一是以“两个维护”为根本任务，将习近平新时代中国特色社会主义思想作为加强“六廉”文化建设的指导思想和根本纲领，研究制定贯彻落实“第一议题”监督工作机制，及时督促各级党组织严格按照深入贯彻落实习近平总书记重要指示的要求推动工作，纪委对落实习近平总书记关于党风廉政建设和廉洁文化建设重要论述学习践行情况进行专项监督，确保“第一议题”执行的纯粹，党风廉政建设推进的有序。二是针对习近平总书记关于本行业的重要论述和党中央的重大决策部署，将廉洁文化教育根植到具体工作推进中。在“1025”专项任务攻关期间，纪委定期对攻关推进情况进行监督，针对科研经费使用不规范等情况及时进行纠偏，对攻关课题团队不断加强廉洁教育，有效助推了盾构设备密封、大排量泵、PLC 模块国产化等攻关任务的顺利完成，“卡脖子”现象得到了较大程度的改善。

2. 依靠制度，突出抓早抓小的日常监督

日常监督是纪检组织开展的最普遍、最经常、覆盖面最广泛的一项监督工作。一是通过开展座谈、参加会议、调研、走访、受理信访举报、谈心谈话、现场监督检查等方式，对发现的苗头性、倾向性问题或者轻微违纪问题，充分运用好监督执纪“四种形态”的第一、二种形态，以“纪律 + 文化”形式对责任人及时开展约谈提醒、批评教育、责令检查、诫勉谈话等，以纪律的“严”和文化的“暖”让游走在违纪边缘的干部悬崖勒马，使更多干部受到警醒。二是认真贯彻落实《中共中央关于加强对“一把手”和领导班子监督的意见》，经常开展对“关键少数”的监督，把“六廉”文化建设作为纪委书记与同级领导班子成员日常廉洁沟通、与下级党组织“一把手”定期谈话的必备项，实现提醒常在、形成常态。三是聚焦“四风”问题易发的重要时间节点，加强节前提醒教育、节中明察暗访和节后通报曝光，营造务实节俭、文明廉洁过节的良好风气。四是以科学管用举措防范风险，紧盯廉政风险防控工程这一根本点，在全公司范围内分层次全面梳理廉洁风险点、监督管理事项责任清单，并建立定期更新机制，确保监督工作重点始终在可控范围，完善监督再监督工作推进机制。

3. 织密制度，突出管理漏洞的再监督

再监督是纪检组织促进职能部门认真履行监督管理职责，保障党规党纪、国家法律法规、企业规章制度在企业得到有效执行的一项“后退半步”的监督方式。一是聚焦工作查找指引的缺失，将《中国共产党章程》《中国共产党纪律检查机关监督执纪工作规则》《中国共产党党内监督条例》等党内规章制度与企业实际相结合，具化为有实际指导意义的《监督执纪工作手册》，查找企业廉洁风险点，形成《廉洁风险防控指南》等“六廉”教材，让监督工作规范化、标准化。二是聚焦工作查找对象的模糊性，及时掌握有效规章制度清单，明确将再监督的焦点聚焦到企业生产经营上，及时针对制度执行不到位导致的管理症结、发展堵点，对照既有制度开展监督检查。三是聚焦工作查找力量的不足，在生产车间、项目部、科研机构选聘一线“六廉”监督员，发挥职工群众监督探头作用；在所属企业中，推动纪检监督与巡察监督、审计监督、部门职能监督、境外业务联合监督贯通融合，实现优势互补、信息互通、协同互联监督格局。

（三）“六廉”文化建设的“润”夯实不想腐“根”的深度

“随风潜入夜，润物细无声。”“六廉”文化建设作为中铁工业“三不腐”一体推进的基础性工程和加强党风廉政建设与反腐败工作的重要内容，注重以文化人、培根铸魂作用的充分发挥，为筑牢不想腐的理想信念“浇水施肥、固本培元”。

1. 实施平台助廉工程，夯实廉洁从业“地基石”

一是打造推广“六廉”工作室。推动廉洁文化进机关、进车间、进项目等，同时，坚持富内融外的原则，于内以“三设三进”为抓手推进监督关口前移，设置“六廉”传承、制度展示、学习教育和文化展示等功能区，设立廉洁标语、意见箱、廉洁橱窗和文化长廊，不断丰富内部廉洁元素；于外将廉洁文化理念、廉洁衣冠镜和展示板置于科研、制造现场，会议室等办公区域、职工集中生活区，使廉洁元素与企业生产经营紧密结合，有效推动平台助廉、教育生廉。截至目前，已在全公司建立了33个线上线下“六廉”工作室。二是发挥廉洁教育阵地作用。充分发挥“六廉”工作室教化育人功能，广泛开展理论学习、业务交流、警示教育、监督执纪和理论研讨等活动。积极邀请党员干部、职工家属、属地纪委监委参观“六廉”工作室，开展企监共建和业务交流。组织全公司统一在“六廉”工作室开展“新年廉洁第一课”警示教育活动，形成联动效应；组织纪检干部开展疑难案件案情交流会，拓宽审查思路；召开再监督业务交流会，帮助职能部门厘清监督职责，形成监督合力。三是建好理论研究阵地。认真总结“六廉”文化建设中的经验和做法，推进实践基础上的理论创新，不断夯实企业党风廉政建设思想基础。先后在《人民日报》客户端、《人民周刊》、《国资报告》、《国企党建》、《学习与探索》等媒体发表多篇“六廉”理论文章。

2. 实施睹物思廉工程，常注廉洁自律“清醒剂”

一是立足将廉洁文化理念与职工思想教育、工作生活相融共促，以寓教于乐、寓教于用、寓教于身为主线，充分发挥广大职工的聪明才智和参与廉洁文化建设的积极性。丰富传播载体，在全公司开展征集“六廉”文化作品、举办党风廉政知识竞赛、签订廉洁承诺书、上廉洁专题党课、设计廉洁海报和手机屏保等活动，不断丰富廉洁文化传播载体，发布了“六廉”文化品牌和《六廉文化选集》。二是孵化文创产品，设计制作元素丰富、喜闻乐见的“六廉”文创产品，主要用于日常党建活动、评先评优的奖品，通过睹物思廉推动“六廉”文化理念深入人心，真正做到“眼睛看得到、耳朵听得到、手掌摸得到、心里想得到、脑子记得到、言行悟得到”。目前已制作了文具类的钢笔、书签、桌签、鼠标垫；娱乐类的扑克牌、魔方、飞行棋；生活用品类的折扇、随身镜、水杯、钥匙扣等三大类45种系列文创产品。

3. 实施阳光照廉工程，拧紧干部监督“螺丝钉”

一是在全公司范围内选树6名廉洁从业典型人物、9个廉洁文化建设先进集体和39名廉洁文化建设先进个人，撰写出版“六廉”典型人物故事报告文学《企廉》，通过“读、学、做”展示干部职工身边的“廉洁力量”，发挥典型引领和示范作用。二是以推动优良家风家教进家入户为抓手，开展一句家庭廉洁寄语、一封廉洁家书、一份廉洁承诺、一场家庭廉洁会议“四个一”活动，加深员工和家属对“六廉”文化的认同和共鸣，让职工家属自发当好家庭“廉内助”，让家人的关怀和提醒成为党员干部职工心向廉洁的源动力，用亲情筑牢家庭反腐倡廉的防线，使家庭建成拒腐防变的坚固堡垒，实现廉洁文化柔性和制度刚性双管齐下，从源头上遏制引发腐败滋生的苗头性、倾向性问题。近年来，累计书写廉洁家书2074份，签订家庭助廉承诺书506份，邀请领导干部及其家属参加家庭助廉座谈会214人次。

4. 实施文化兴廉工程，筑牢廉洁从业“防火墙”

一是坚持用廉洁文化启智润心，以推进“三融合”有效丰富廉洁文化内涵。将廉洁文化与党内政治生活相结合，创造性开展“六廉”主题党日、“六廉”道德讲堂等；与群团工作相融合，推出系列耳熟能详的“六廉”歌曲、快板、微视频、摄影、书法、篆刻、剪纸等文化作品，通过廉味春联、包廉粽、“六廉”话月等创新节前廉洁教育提醒形式；与一线中心工作相融合，将业务教材、《六廉文化选集》、《企廉》等系列文件、书籍、文创产品带到海外项目、高原铁路项目等施工一线职工中，不断拓宽廉洁文化传播途径，真正让“六廉”产品火起来、“六廉”活动响起来、“六廉”人物靓起来、“六廉”文化扬起来。二是扎实推进党史学习教育，组织党员干部前往焦裕禄干部学院、井冈山革命根据地、延安革命纪念地等红色教育基地接受红色革命文化的洗礼，通过实地参观、交流学习等，重温初心使命、锤炼党性作风、砥砺实干精神。充分挖掘中铁山桥第一个党组织和中共一大代表王尽美的历史故事，感受第一代共产党员一心向党、一心为公、毫不利己、专门利人的精神品质，组织开展纪念王尽美的主题党建工作会，缅怀革命先烈、赓续精神血脉，让红色基因成为新时代廉洁文化永不磨灭的烙印。

5. 实施体系构建工程，扎紧正风反腐“防控网”

以习近平新时代中国特色社会主义思想为指导，从企业当前党风廉政建设和反腐败工作的实际出发，“三不腐”一体推进，把不敢腐的强大震慑效能、不能腐的刚性制度约束、不想腐的思想教育优势融为一体，总结提炼在高压惩治、制度治理、教育引导等方面工作的经验做法，形成“五四四”工作法：一是在高压惩治方面突出“五严”，即做到严格规范线索处置、严肃运用谈话函询、严实开展初步核实、严密推进立案审查、严谨细致审理追责，以“不敢”筑牢“不能”“不想”的根基；二是在制度治理方面突出“四性”，即突出政治监督的及时性、日常监督的经常性、再监督的科学性和制度监督的长效性，以“不能”巩固“不敢”“不想”成果；三是在教育引导方面突出“四化”，即深化理想信念教育、固化廉洁文化体系建设、强化廉洁文化载体建设、优化共建共享格局，以“不想”强化“不敢”“不能”的约束，使不敢腐、不能腐、不想腐一体推进，党委主体责任和纪委监督责任同步落实，惩治震慑、制度约束、提高觉悟一体发力，打好高压震慑、建章立制、教育转化“组合拳”，让党员干部因敬畏而“不敢”、因制度而“不能”、因觉悟而“不想”，以更多制度性成果和更大治理成效全面巩固反腐败斗争压倒性胜利，推动全面从严治党取得更大战略性成果，为高端装备制造业高质量发展保驾护航。

四、“六廉”文化建设助力“三不腐”一体推进的工作成效

近年来，公司站在勇于自我革命、保持党的先进性和纯洁性的高度，把加强“六廉”文化建设作为一体推进“不敢腐、不能腐、不想腐”的基础性工程抓紧抓实抓好，党风廉政建设和反腐败斗争取得压倒性胜利，为推进全面从严治党向纵深发展提供重要支撑。

（一）固本强基，“不敢腐”高压态势持续巩固

1. 执纪能力进一步提升

纪检干部坚持理论学习、业务研讨、案例剖析和以案代训相结合，集中创作了涵盖监督执纪问责等全业务实操流程的百集微视频，充分发挥线上借鉴、线下实践作用，做到以编促学、以录促升、以用促效，全面提升纪检人员政治能力、政策把握和执纪专业水平。通过交叉执纪、联合执纪、抽调执纪，推动学习成果高效转化，规范两级纪检组织工作流程，极大提升纪检干部执纪水平和质量，破解了问题线索集中移交、监督执纪能力参差不齐、基层单位人情困扰等问题。

2. 执纪力度进一步加强

形成了纪检监督、巡察监督、审计监督以及职能部门监督的大监督格局，紧盯监督中的发现问题，切实提高发现问题线索的主动性和积极性。加大对各级企业腐败和作风问题的查处力度，牢牢盯住靠企吃企、靠项目吃项目等损害企业利益行为和领导干部违规打麻将、收受礼品礼金等不正之风，推动全面从严治党向基层延伸，让职工群众感受到从严管党治党就在身边。通过有案必查，向企业广大党员干部传递“越往后执纪越严”的强烈信号，通过谈话提醒、批评教育、纪律处分等方式多管齐下，严惩极少数、教育大多数，把全面从严治党的压力传导给各级党组织和广大党员干部。

3. 追责问责进一步精准

企业两级党委和领导班子成员主动把自己摆进去，联系实际、以上率下，推动失责必问、问责必严成为常态。在公司党委和上级纪委正确领导下，企业纪检组织始终坚持严的主基调，保持压倒性力量常在，坚定不移将反腐败斗争进行到底，“不敢腐”的震慑效应充分释放并持续深化。

（二）提质增效，“不能腐”规矩意识明显增强

1. 监督效能逐渐凸显，形成心怀大局、践行使命的新气象

践行“两个维护”的政治自觉和践行“三个转变”的行动自觉更加规范，企业高质量发展全面迈上新台阶。公司 2021 年完成新签合同额 468.05 亿元、实现营业收入 271.57 亿元，是 2017 年成立之初的 1.9 倍和 1.8 倍。全断面隧道掘进机、桥梁用钢结构、道岔和架桥机等产品荣获国家制造业“单项冠军”产品认定。“1025”专项任务达成目标，盾构设备密封、大排量泵、PLC 模块的国产化研究取得突破性进展，民族盾构装上了中国“芯”。国企改革三年行动有质推进，中铁装备入选国资委 21 家“科改示范企业”标杆企业，中铁工服“混改”稳步落地。国家科技进步奖、国家技术发明奖、中国专利奖等 14 项国家级科技奖项收入囊中。智能制造信息化系统有效推广，九江、南通钢桥梁智能制造基地达到工业 3.0 水平，郑州产业园建成盾构产业 4.0 制造基地。

2. 监督体系更加完善，形成全面覆盖、常态长效的新格局

实施再监督工作办法，职能部门对监督的认识进一步提升，监督工作的公信力进一步树立。发布《再监督工作延伸方案》，明确了再监督向上向下延伸的触发条件，构建了上下联动、检查考核、结果运

用和追责机制。通过加强对《中国共产党纪律检查机关监督执纪工作规则》《纪检监察机关处理检举控告工作规则》等执行情况的监督检查，纪检组织和纪检干部的法治意识、程序意识、证据意识明显增强，严格按照权限、规则、程序开展工作更加自觉，纪检工作法治化、规范化水平得到有效提升。

3. 监督预防更加精准，形成尽心尽责、敢于担当的新风尚

以务实管用的各项举措狠抓日常监督，党员干部对不合规行为主动抵制的风气日渐形成，风清气正的政治生态更加完善，干成事不出事的共识更加统一。《礼品礼金上交办法》实施以来，各级党员干部主动拒绝、上交、退回客户赠予的礼品礼金达到100余人次。坚持将“第一种形态”作为严管厚爱、治病救人的有力抓手，通过灵活运用谈心谈话、提示提醒、批评教育等措施，“早预防”“治未病”取得良好效果。落实“一切工作到项目”理念，制定项目提质增效三年行动、大商务管理体系等系列专项方案，规范了干部队伍管理、劳务分包管理、物资招标采购管理等，确保企业高质量发展的肌理健康。

（三）行稳致远，“不想腐”思想防线愈加坚固

1. 形成了科学有效、教导结合的廉洁教育新常态

通过大力开展“六廉”文化建设，实施“新年第一课”、节假日警示教育、廉洁文化“六进”活动，党员干部理想信念进一步坚定，党性修养进一步提升，规矩意识进一步加强，“六廉”已成为企业党员干部履职尽责、担当作为、廉洁自律的价值追求和行为准则。

2. 形成了品牌集群、内涵丰富的廉洁文化新体系

将构建品牌、规范制度、考核评价三项体系充分融入企业中心工作，“平台铸廉、睹物思廉、阳光照廉、文化兴廉”在基层有效推广，

廉洁文化建设愈加规范化、制度化、高效化，“六廉工作室”品牌建设呈现全员化、全方位、全覆盖，形成了诸多特色鲜明的理论创新成果。“六廉”文化建设经验进入大连高级经理学院课堂、湖北省纪检监察干部培训班等，“六廉”文化建设特色做法和成果相继被中央纪委国家监委网站、新华网、人民日报海外网等26家媒体关注报道35篇。

3.形成了内外联动、相融互通的监督共建新格局

以“六廉”文化为牵引，家庭助廉活动有效开展，为企业、领导干部及其家庭成员搭起了面对面联系、沟通、了解和理解的桥梁，加强了对党员干部八小时之外的监督和帮助，清廉家风进一步形成。开展企地共建，汇聚了企业与地方廉洁建设合力，在廉洁文化成果共享、执纪执法工作协作、纪检监察干部队伍建设等方面联合联动，有效推动监企纪法贯通、纪法衔接，增强了监督的严肃性、协同性、有效性。在共建共创中，构建廉洁政治生态和企业发展生态，为企业高质量发展提供了纪律保证。

五、“六廉”文化建设助力“三不腐”一体推进的经验启示

（一）坚持以习近平新时代中国特色社会主义思想为指导

时代是思想之母，实践是理论之源。习近平新时代中国特色社会主义思想是当代中国马克思主义、21世纪马克思主义，是新时代干事创业的思想引领和行动指南。习近平总书记关于党风廉政建设的思想鲜明体现了马克思主义的立场、观点和方法，彰显了习近平总书记巨大的政治勇气、卓越的政治智慧和强烈的责任担当。深入学习领会习近平总书记党风廉政建设思想，对于探索新时代党风廉政建设和反腐败斗争规律、推动全面从严治党向纵深发展、推进新时代“六廉”文化建设具有重大而深远的意义。只有不断加强对习近平新时代党风

廉政建设思想的学思用、知信行，才能不断树牢“四个意识”、坚定“四个自信”、做到“两个维护”，促进廉洁文化建设行稳致远、助力“三不腐”一体推进走深走实，确保全面从严治党高质量纵深推进，反腐败压倒性成果持续巩固。

（二）坚持党的领导，构建“大监督、大宣教”工作格局

“六廉”文化建设助力“三不腐”一体推进，必须坚持和完善一套强化自我监督、实现自我净化的制度体系，必须实现监督全覆盖与宣教全覆盖，必须推动从“有形覆盖”向“有效覆盖”转型升级，一方面不断释放全面从严、越来越严的强烈信号，另一方面推进廉洁理想信念教育常态化制度化。必须坚持党的领导，发挥党委主体责任，形成“党委统一领导、分管领导负责、纪委组织协调、部门齐抓共建、群众广泛参与”的“大监督”和“大宣教”工作格局，形成“共商、共建、共治、共享”的工作局面。通过党政工团齐抓共管、企业上下共同参与，大力建设完善的教育引导体系、廉洁制度体系、支撑保障体系，深入开展教育阵地建设、监督执纪问责、廉洁警示教育活动，持续增强廉洁文化的影响力、渗透力和感染力，不断催生“三不腐”一体推进更多制度性成果和更大治理成效。“大监督、大宣教”工作格局既是对巩固反腐工作成果的创新发展，又是扎实开展“三不腐”一体推进的基础工程。通过“六廉”文化建设助力“三不腐”一体推进，是中铁工业探索和积累的有效防范化解风险挑战、抓住并用好机遇期的实践反映。

（三）坚持守正创新，遵循时代规律和企业发展规律

坚持守正创新是推动企业高质量发展的着力点。“守正才能固本强基，创新才能引领时代。”只有以发展的态度对待发展、以创新的

精神追求创新，才能紧跟时代步伐、把握时代规律，满足企业需求、推动实践发展。作为“共和国长子”的国有企业，在以“六廉”文化建设助力“三不腐”一体推进过程中，要时刻紧扣党要管党、全面从严治党的新时代特征，加强新时代“六廉”文化建设，要以理想信念强基固本，以“六廉”文化启智润心，充分体现“为民、务实、清廉”的廉洁文化核心价值观，努力实现干部清正、政府清廉、政治清明、社会清朗的总体目标。要紧紧把握“党建引领发展、文化培根铸魂”的企业特色，坚持廉洁文化建设与企业党建工作相结合、与党风廉政建设工作相结合、与企业管理相结合、与企业文化建设相结合、与科技创新相结合、与企业高质量发展相结合，努力开创“廉洁文化 +”的深度融合模式，最大限度实现廉洁文化建设助力“三不腐”一体推进的工作成效。

（四）坚持系统思维，构建协同联动机制

“六廉”文化建设助力“三不腐”一体推进，必然要求坚持系统思维，构建协同联动机制，这是我国反腐败斗争在新形势下的新突破和新发展。廉洁文化建设助力“三不腐”一体推进既需要持之以恒，更需要科学部署，才能最终实现精准施策、精准发力、精准破题。随着一些新型腐败穿上了新“马甲”，党建引领企业高质量发展任重而道远，腐败存量暂未清零、增量尚在出现，新形势下新的反腐难点、堵点会逐渐暴露。如何解决个别环节与整体反腐的有效协同、如何推动廉洁文化带动企业高质量发展、如何同时打击新型腐败与传统腐败，每一项改革突破都需要党员领导干部提升担当的自觉、担当的本领。实践表明，以廉洁文化建设助力“三不腐”一体推进是相辅相成、相得益彰的。既要抓好廉洁文化建设，也离不开“三不腐”一体推进惩治、震慑、监督和完善制度。廉洁文化建设要全面融入“三不腐”一体，就必须建立系统思维和联动机制，必须坚持文化建设和制度建设“两手抓、两手硬”，探索综合运用教育引导、舆论宣传、文化熏陶、实践养成、制度保障、监督惩处的新方式新方法，不断创新更加贴近实际、贴近群众、贴近生活的有效形式和载体，让廉洁文化之火越烧越旺、影响越来越大。

（五）坚持聚焦中心工作，融入高质量发展大局

“围绕生产抓党建，抓好党建促发展。”推动高质量发展，是国有企业的中心工作任务。党建工作是国有企业的鲜明特色和独特优势，是核心竞争力的重要组成部分。以高质量党建推动国有企业高质量发展，加强国有企业党建工作与中心工作的融合，有助于真正发挥党员干部对员工的带头和引领作用，而且能够提高国有企业自身的凝聚力以及竞争力。在保障企业发展中，廉洁文化既是“软实力”，更是“内驱力”，助力“三不腐”一体推进必须聚焦企业高质量发展，聚焦发展中的热点、难点和焦点，在凝聚发展合力、激发干事创业上展现作用，在破解问题和难题上发挥作用。把廉洁文化融入企业中心工作全领域，将推进廉洁文化建设与企业高质量发展紧密结合起来，助力营造不敢腐、不能腐、不想腐的清廉环境。只有始终融入发展大舞台，才能发挥廉洁文化内涵的适用性、作用发展的可靠性和“三不腐”一体推进的精准性，像“啄木鸟”一样善于发现问题、勇于解决问题，“干活”扎实，专心致志，不做表面文章，对工作不偷懒、不敷衍，但使“千林蠹如尽，一腹馁何妨”，肃清乌烟瘴气、营造朗朗乾坤。

道虽远，不行不至；事虽难，不为不成。中铁工业从成立之初便将践行“三个转变”、建设廉洁文化作为一项重要工程进行深耕挖掘，立足时代特征、传统文化、企业实际和职工意愿进行探索，积淀形成了具有自身特色的“守正创新、六廉兴企”的“六廉”文化体系并实现了政治效果、社会效果和文化效果的有机统一。阔步新征程，在加强新时代“六廉”文化建设的春风中，中铁工业将始终坚持以习近平新时代中国特色社会主义思想为指导，更加积极主动融入“六廉”文化建设助力“三不腐”一体推进这一重大政治任务中，以理想信念强基固本，以先进文化启智润心，以高尚道德砥砺品格，以全面从严治党正风肃纪，助力中铁工业高质量发展乘风破浪、扬帆远航！

国有企业铲除腐败滋生的土壤和条件实践

习近平总书记在二十届中央纪委三次全会上强调，新征程反腐败斗争，必须在铲除腐败问题产生的土壤和条件上持续发力、纵深推进。在新时代全面从严治党的实践和理论探索中，身为国有企业的中铁工业不断深化对党的自我革命的认识，深入总结分析腐败滋生的土壤和条件并进行铲除的实践探索，形成“3534”全周期管理工作法：在理想信念教育方面做到“3 个强化”，即强化“贯”的力度、强化“学”的广度、强化“自”的深度；在惩戒震慑方面做到“5 个坚持”，即坚持从提高认识上惩治腐败、坚持从严肃查处上惩治腐败、坚持从严肃问责上惩治腐败、坚持从挖掘根源上惩治腐败、坚持从机制建设上惩治腐败；在制度约束方面做到“3 个突出”，即突出监督标准化、突出监督具体化、突出监督精准化；在廉洁文化方面建设“4 大工程”，即建设平台铸廉工程、建设睹物思廉工程、建设阳光照廉工程、建设文化兴廉工程。在理论基础与实践形态上形成优势性比较，实现全方位谋划、全领域覆盖、全过程管控，推动教育、查办、整改、治理一体贯通，保障国有企业高质量发展乘风破浪、稳健前行。

一、国有企业铲除腐败滋生的土壤和条件的实施背景

习近平总书记在二十届中央纪委三次全会上强调，深化整治金融、国企、能源、医药和基建工程等权力集中、资金密集、资源富集领域的腐败，清理风险隐患。国有企业腐败问题是国有企业的工作人员滥

用职权、经营管理权为自己或利益关联者谋取私利，从而使公共利益受到损失的行为，因此必须坚决铲除腐败滋生的土壤和条件，坚决打赢反腐败攻坚战持久战，实现国有企业高质量发展。

（一）国有企业铲除腐败滋生的土壤和条件，是做到“两个维护”、切实发挥“六种力量”的需要

习近平总书记在全国国有企业党的建设工作会议上强调，要通过加强和完善党对国有企业的领导，加强和改进国有企业党的建设，使国有企业成为“六种力量”。进一步明确了加强国有企业建设的重要性和必要性。国有企业身处经济建设最前沿，掌握大量资源资金，历来是腐蚀与反腐蚀的主战场、“围猎”与“被围猎”的重灾区。当前，国有企业改革发展任务严峻，但一些国有企业“一把手”腐败、“塌方式”腐败时有发生，严重影响“六种力量”作用发挥，严重损害党和国家、国有企业的形象和信誉。据中央纪委国家监委数据，2023年，国资央企纪检监察机构共对党组（党委）管理干部立案审查调查411起，给予党纪政务处分375人次，移送司法机关109人；全年共查办留置案件347起，其中党组（党委）管理干部留置案件120起，提级查办留置案件227起。持之以恒坚决铲除腐败滋生的土壤和条件，旨在深入落实习近平总书记关于国有企业重要指示批示精神，助力国有资产保值增值、提高国有经济竞争力、放大国有资本功能，更加坚决做到“两个维护”。

（二）国有企业铲除腐败滋生的土壤和条件，是坚持党的领导、加强党的建设，着力健全全面从严治党体系的需要

习近平总书记在中共中央政治局第十五次集体学习时强调，全党必须永葆“赶考”的清醒和坚定，以健全全面从严治党体系为有效途径，不断把新时代党的建设新的伟大工程推向前进。国有企业姓党为党，抓好党建是本职、不抓党建是失职、抓不好党建是渎职。因此，国有企业必须理直气壮抓好党建，健全完善全面从严治党组织体系、教育体系、监管体系、制度体系和责任体系建设。但通过巡视巡察、监督执纪、党建责任制检查等发现，部分企业党建与中心工作的融入成效还需进一步提升，党内政治生活的严肃性还不够强，违反政治纪律、政治规矩等问题时有发生，良好的政治生态建设任重道远。落实全面从严治党基础在“全”，关键在“严”，要害在“治”。坚决铲除腐败滋生的土壤和条件，就是要坚持问题导向，向顽瘴痼疾发力、向薄弱环节发力，不断健全全面从严治党体系、深入推进全面从严治党，实现坚持党的领导、加强党的建设在企业有效落地，党建引领作用发挥有力，筑牢国有企业的“根”和“魂”。

（三）国有企业铲除腐败滋生的土壤和条件，是聚焦初心使命、主责主业，为企业高质量发展提供坚强保障的需要

国有企业是中国特色社会主义的重要物质基础和政治基础，是党执政兴国的重要支柱和依靠力量。党中央对每个国有企业都有明确的战略要求，对设立国有企业都有各自的初心使命。近年来，国有企业深刻认识并履行肩负的重大政治责任和历史使命，自觉服务服从国家战略，聚焦主责主业，结合实际贯彻新发展理念、推进供给侧结构性改革、实施创新驱动发展战略，从做强做优做大国有企业的高度，先后查办了一批“一把手”等关键少数侵蚀国有资产案件，但存量尚未见底、增量仍在发生。2023 年，中央纪委国家监委驻国务院国有资产监督管理委员会纪检监察组紧盯“一把手”和领导班子，严肃查处赵平、范集湘、孙洪水等 15 名“一把手”腐败案件，暴露出一些违纪违法国有企业领导人员“靠企吃企”、关联交易、利益输送，将央企资源作为权权交易、权钱交易的筹码，致使国有资产流失的问题。面对部分国有企业“一把手”背离初心使命、偏离主责主业的现象，必须以永远在路上的清醒和坚定，持续发力、纵深推进，坚决铲除腐败滋生的土壤和条件，在对症下药、精准施治、多措并举上下功夫，在动真碰硬根除制约企业高质量发展的各类问题上下功夫，把国有企业打造成为政治过硬、队伍过硬、管理过硬、产品过硬、品牌过硬的经济实体，切实履行好实现国有资产保值增值的首要职责，为推动高质量发展、助力中国式现代化建设提供坚强保障。

（四）国有企业铲除腐败滋生的土壤和条件，是深化“三不腐”一体推进，切实发挥监督保障执行、促进完善发展作用的需要

一体推进“三不腐”是反腐败斗争的基本方针和新时代全面从严治党的重要方略。国有企业纪检机关作为推进党的自我革命的重要力量，切实发挥监督保障执行、促进完善发展作用，监督推动企业各级党组织加强对反腐败工作的全面领导，认真落实党风廉政建设责任制，围绕规范人权、事权、财权开展系列工作，在一体推进“三不腐”方面取得了明显成效。但不可否认的是，一些行业性系统性地域性腐败问题、利用影响力谋私贪腐问题、新型腐败和隐性腐败花样翻新问题、基层“微腐败”问题、“小节论”“行业特殊论”问题等仍有表现，对新时期纪检工作高质量发展带来了新挑战。坚决铲除腐败滋生的土壤和条件，旨在把正风肃纪反腐与深化改革、完善制度、促进治理贯通起来，切实发挥惩防结合、综合治理的整体功能，以纪检工作高质量保障企业发展高质量。

二、国有企业铲除腐败滋生的土壤和条件的实践做法

（一）国有企业腐败滋生的土壤和条件分析

党的十八大以来，以习近平同志为核心的党中央多次强调要铲除腐败问题产生的土壤和条件，坚决打赢反腐败斗争攻坚战持久战。腐败是一种复杂的社会现象，其本质是权力的滥用，有着历史、文化、经济、社会、制度、生态等多方面的土壤和条件，反腐败斗争是一场总体战、攻坚战、持久战，铲除腐败滋生的土壤和条件是一项艰巨的系统工程。结合当前国有企业腐败滋生的土壤和条件的具体状况，国有企业腐败产生的底层逻辑可以归纳为：一是政治建设有短板，责任落实不彻底；二是经济资源较集中，关键岗位错用权；三是制度体制不完善，执行落地有偏差；四是文化思想存糟粕，价值观念易扭曲；五是社会风气有陋习，纪律规矩被侵蚀。国有企业产生腐败的底层逻辑就是国有企业产生腐败的规律，因此要建立各级党组（党委）统一领导和指挥、

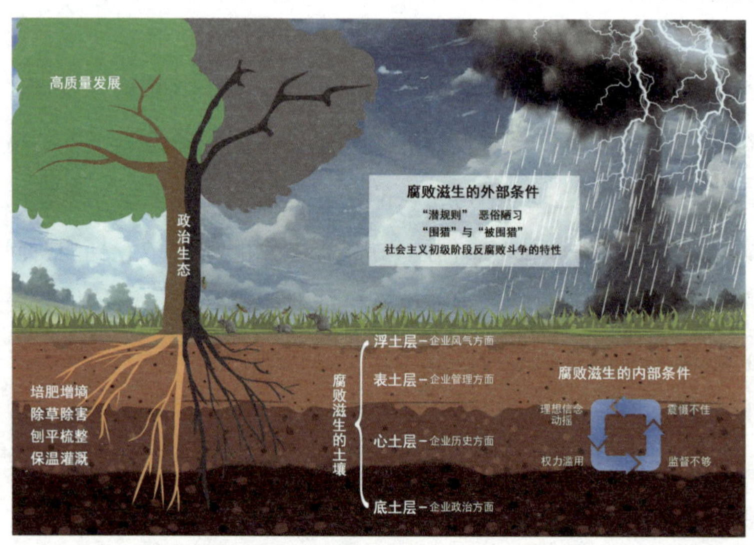

国有企业腐败滋生的土壤和条件分析模型

纪检组织协调、相关职能部门协同、职工群众参与支持，以及地方监委承办的反腐败工作体制机制，进而细化研究、梳理脉络、找准症结、精准发力，实现有效打击。

1. 国有企业腐败滋生的土壤分析

不同的土壤类型，分层也不一样，一般分为底土层、心土层、表土层，土壤之上也极易形成浮土层。开展国有企业腐败滋生的土壤结构分析，企业党的政治建设是根本，历史发展变革是基础，管理治理体系是核心，文化价值塑造是支撑。

（1）底土层：企业政治方面。国有企业党的建设尚有不足，党组织领导核心和政治核心作用未全面体现，管党治党的责任落实有差距，形成了腐败滋生的“底土层”。如党建工作责任制落实不力，对企业党建工作重视程度不够，重经营、轻党建的现象依然存在；政治理论学习不深不实，学习研讨形式多，贯彻落实举措少，与党中央要求存在一定差距，体现为党的政治建设有缺失。如健全全面从严治党体系还需持续发力，案件线索去存量尚有难度，遏增量任重道远，越级举报、重复举报、恶意举报时有发生，体现为党组织权威性、公信力不足。如全面从严治党“两个责任”落实不力，“四责协同”机制运行不顺畅，致使研究部署不力、责任压得不实、过程把得不严、追责惩治不硬、警示震慑不深；部分党组织书记面对腐败问题态度不鲜明、处置不坚决；部分领导班子廉洁谈话变成了业务谈话，甚至认为一些腐败行为是企业发展应当付出的“小代价”；部分纪检干部不会监督、不敢监督、不愿监督，执纪宽松软的情况仍然存在。如党性党风党纪教育有待加强，教育方式方法比较单一，受教育群体相对局限，教育效果不够突出。一些领导干部对马克思主义没有真学真信，政治纪律和政治规矩意识比较淡薄，甚至存在不信马列信鬼神的现象；党管干部、党管人才政治风向标偏离，选人用人有时存在“暗箱操作”“潜规则”，成为领导干部培植势力、封妻荫子、权权交易、权钱交易的渠道。

（2）心土层：企业历史方面。以中铁工业发展为例，成员单位复杂，业务模式多样，企业管理生态、文化生态各不相同，构成了腐败滋生的“心土层”。一是从基础上看，成员企业有的具有百年历史，有的成立不久；有的思想观念求稳，有的求变；有的创新能力突出，有的技术力量薄弱；有的产业处于巩固期，有的处于开拓期，在各方利益交织、新旧观念碰撞中，老的企业易存在讲人情不讲原则的问题，新的企业易存在讲发展不讲规矩的问题。二是从发展上看，推进产业一体化布局、增强各业务板块协同联动还不够，成员单位习惯于自力更生、自主发展，一盘棋的发展布局与成员单位既定发展路径之间存在不协调，导致“长板不长、强板不强、底板不稳”。三是从规划上看，中长期规划的组织实施能力弱、本位主义盛行影响有效沟通、部门之间的合作效果不理想、难以聚合创新资源等矛盾比较突出，这种“集”而不“团”、“整”而不“合”的情况，某种程度上造成了企业党的建设、改革发展、管理创新、党风廉政建设和反腐败工作各项部署在基层逐级衰减、跑偏走样，助长腐败滋生。

（3）表土层：企业管理方面。企业市场经营管理不到位、监督制约机制不健全、合规治理不规范、信息披露不真实等问题，成为腐败滋生的“表土层”。如企业决策方面，部分企业不能聚焦主责主业开展技术创新和管理创新，反而热衷于投资进军非关联产业领域。在论证不够、调研不足的情况下盲目决策、盲目上马、盲目实施、盲目发展，“决策腐败”最终给国有资产造成巨大损失。如稳健经营管理方面，面对日益紧张的市场竞争环境，国有企业明争暗斗争份额、抢饭碗的现象越来越激烈，一些幕后操作和非常规动作频频出现，破坏着正常的市场经营秩序。如规范管理机制方面，个别企业制度成为“纸老虎”，执行弹性较大，自由裁量权过大。设备租赁先进场后签合同、应招标未招标、超合同结算等情况屡见不鲜。关键领域、关键岗位、关键环节的监督制约机制虽已建立但不完善，给权力留下暗箱操作、设租寻租空间。如风险管理防控方面，企业大监督格局尚未形成，各监督主体合力不够、协同较弱，对企业廉洁风险排查梳理不实不准不细，内部审计不严、“执行难、难执行”现象普遍存在，造成上级监督“远”、同级监督“软”、下级监督“难”。如上市公司方面，存在数据造假、文字游戏、投机取巧、考核流于形式等现象，披露的信息不真实、不准确、不完整，“泡沫经济”增加了企业发展风险。

（4）浮土层：企业风气方面。一些不良风气在企业内尚未彻底根除，核心价值观塑造滞后引领力不强，似一层浮土蒙尘于表土层之上，形成了腐败滋生的“浮土层”。如不良风气逐步渗透，“有权不用、过期作废”“一人得道、鸡犬升天”等错误价值观，官本位思想、特权思想等腐朽文化，特别是基于地域文化衍生的违规打麻将等顽瘴痼疾难以遏制。如“圈子文化”盛行，有的人热衷同学会、老乡群、战友群，搞关系、建圈子、拉派系，导致出现了不讲党性讲人情、不讲原则讲关系、不靠本事靠送礼、不靠业绩靠谄媚等现象。如廉洁文化建设不到位，人情往来变质变味，因掺杂权、钱、利而为“糖衣炮弹”培育了土壤，利用逢年过节聚一聚、红白喜事送一送、闲暇之余赌一赌、娱乐场所吼一吼，成了不良供应商、协作队伍、企业内部拉拢腐蚀党员干部的一种手段。如企业核心价值观塑造有误区、有差距，文化与制度配套衔接不紧密。员工的文化认同感、参与感不足，先进典型评选程序不规范、职工的认可度不高，未真正形成“学先进、当先进、超先进”的正向氛围。

2. 国有企业腐败滋生的条件分析

唯物辩证法认为，一切事物的存在和发展都是有条件的，内部条件是事物发展的基础，外部条件是事物发展的环境。两个条件作用于腐败土壤的生产活动、地表生物和气候环境，并直接影响着企业政治生态建设。

（1）内部条件。

一是理想信念动摇。个别党员领导干部理想信念动摇，党性修养滑坡，宗旨意识淡薄，特别是受“一切向钱看”“金钱万能”的金钱观影响，使腐败问题形成“破窗效应”。有的党员领导干部混同于一般群众，甚至站在群众的对立面，放松对本身的要求，个人主义、自由主义严重，破坏着党员干部的形象。

二是权力滥用。个别党员领导干部权力集中，用权任性。有油水的地方最容易滑倒。“一把手”掌管着企业的人、事、财权，一旦专权擅权，就会出现民主集中制执行搞“一言堂”、选人用人搞“私家军”、花钱开支搞“一支笔”，“老大”难问题终将成为“老大难”问题。关键岗位人员所涉及领域多数为资金密集、资源富集、资产聚集的系统，权力一旦失去约束，管理不规范的行为就会产生，靠企吃企、损公肥私、捞外快等腐败问题就会层出不穷。

三是监督不够。企业内部监督管理体制不健全、职能部门履行监督管理职责流于形式、领导干部带头破坏管理制度约束、纪检组织同级监督力度有限、党组织弱化虚化边缘化等问题，导致企业内部管理监督乏力和手段有限，以上均是造成腐败发生的重要成因。

四是震慑不佳。警示震慑是强化“不敢腐”的重要手段，惩治的力度、震慑的威力、教育的方式直接影响最终效果。惩治上由于涉案金额小、办案成本高、举证困难大等原因造成移交难，出现“以纪代法”的现象；受“领导关、同事关、关系关、人情关”阻挠，“查不下去、办不下去、问责不下去、最终不了了之”时有发生，出现“以情代纪”的现象，使得违纪违法成本降低，惩治力度打折。震慑上存在辣味不足、效果不佳的情况，身边人身边事的穿透力、影响力不够，形式大于内容、压力传导递减，没有达到“查处一起、震慑一片”的警示效果，甚至出现了同一岗位负责人接连违纪的现象。教育上存在理念陈旧、手段单一、方法落后的问题，多为大会开一开、领导讲一讲、视频看一看、心得写一写、职工听一听的方式，廉洁文化建设的“最后一公里”还有差距，党员干部的入脑入心入行不够。

（2）外部条件。

一是“潜规则”暗中流通，仍有市场。在国有企业改革发展过程中，充斥着许多与明规则价值观相悖且不合理的“潜规则”，看似推动企业发展，实则暗藏巨大风险。如通过支付中间商和中介“佣金”获取市场订单，看似获取了市场份额，实则破坏了营销规则，最终把市场经营秩序搞乱了；如供应商围标串标、低价中标，看似公平竞争为企业降低成本，实则暗中勾结利益输送，最终把供应链管理搞乱了；如基层项目部“打点”业主、监理，看似关键节点卡控“通融过关”，实则项目的风险管控弱化了，把工程项目监管搞乱了；如企业违规进行分包转包，看似减少了管理资源投入，实则增加了安全质量风险，把企业的品牌搞乱了；如为拿订单“套现经营”，与供应商建立攻守同盟，看似打着为公的幌子，实则钻着利己的空子，把企业的生产管理搞乱了；如领导干部追逐名利，请客送礼维护关系，贪污受贿谋取私利，大搞权权交易、权钱交易、权色交易，甚至带动“家族式”腐败，不仅破坏了企业政治生态，还把家风家教搞乱了。“潜规则”的暗中盛行极易造成企业和家庭的诸多“乱象”，恰恰也是腐败滋生的诸多条件。

二是“围猎”与“被围猎”盘根交错。权与利的纠缠，是“围猎”与“被围猎”的本质所在。一方面，“围猎者”无所不用其极：如投其所好，以某些领导干部爱打麻将、打高尔夫球、收藏古玩字画等为突破口，开展形式多样的“围猎”活动；如感情投资，抓住“被围猎者”的人性弱点打感情牌，套近乎、拉关系、交朋友，“温水煮青蛙式”地淡化领导干部的警惕性和底线意识；如利益交换，“围猎”者与“被围猎”者或利用手中特权，相互提供较大项目的审批、相关人员的提拔与重用等，或以提成、回扣、送房子车子和金银首饰等方式换取对方的支持与庇护；如迂回包抄，从领导干部的家属、子女、同学等外围进行突破，通过吹耳旁风、故意诱导等曲线进攻的方式影响领导干部，最终实现“围猎”。另一方面，“被围猎者”心态各异：如斗争心态，坚决与“围猎”行为作斗争，以良好的党性修养和政治素养做到自身正、自身硬、自身廉；如投机心态，自认为偶尔收一些、金额小一些、受贿的方式隐蔽一些，甚至在组织核查时主动坦白一些的行为，就能“保平安”；如放弃抵抗心态，起初源于自身的警惕性，坚决说“不”，随着频次的增加、诱惑的加大，以及受他人的影响等，逐步关闭了自身的纪律防火墙，陷入享受“被围猎”带来的快感中；如热衷心态，毫无党性和纪律性可言，喜欢被恭维、被簇拥的虚荣感，肆意挥霍手中的权力，用权力为享受买单；如报复心态，狭隘地认为个人付出与组织回报不对等，要“报复组织”，主动“被围猎”寻求所谓“公平”。

三是恶俗陋习流于治表，侵蚀荼毒。恶俗陋习通常指在社会生活中长期形成流传，不适应社会发展要求甚至阻碍文明进步的不良习俗。首先是地域广泛、情况各异。国有企业遍布全国各地，职工来自五湖四海，打麻将、炸金花、拜码头、小酒桌、攀比风等不良习俗也随之走进企业并相互影响传播，带偏了领导风气、工作风气、生活风气。其次是由明转暗、难以根治。国有企业针对违规打麻将、违规饮酒、违规操办婚丧喜庆事宜等开展了专项整治，但这些恶俗陋习并未根治，而是转到暗处变异为隐形送礼、变相吃喝等方式，影响极其恶劣。再者是由风及腐、风腐一体。各种腐败案例表明，领导干部腐败堕落，往往始于不拘小节、吃喝玩乐，再加上“形式主义、官僚主义”久病未治，企业内出现了吃拿卡要、带病提拔、设租寻租、跑官买官、婚内出轨、贪污受贿等违纪违法腐败问题，更加败坏良好风气，侵蚀党的健康肌体，荼毒企业高质量发展成果。

四是社会主义初级阶段反腐败斗争的长期性、复杂性和艰巨性。从本质上说，腐败现象是剥削阶级和剥削制度的产物，是私有制社会腐败的具体表现。社会主义制度是区别于任何剥削制度的崭新的社会制度，为从根本上消除腐败创造了条件。但是，当下我国还处于社会主义初级阶段，受限于生产力发展水平和科技文化水平还不高，社会主义初级阶段的市场体系、现代企业制度、国有资本布局、个人收入分配形式等方面还不完善，再加上中国历史上几千年封建社会的残余思想仍然存在，在对外开放和对外合作的过程中私有制所伴随的错误、落后的价值理念、经营观念等也逐渐渗透至国有企业，拉拢腐蚀着党内意志薄弱的领导干部。这些问题不是短时期内可以铲除的，具有长期性、复杂性和艰巨性。

内部条件扰乱了正常的生产活动行为，破坏了土壤结构，扰乱了耕作模式；外部条件带来了不良的气候环境，影响着企业发展。腐败的土壤越肥沃，开出的腐败之花就越妖艳，散发的毒性就越大，必将导致条件恶化，滞缓良好政治生态之树的成长，坚决铲除腐败滋生的土壤和条件迫在眉睫。

（二）国有企业铲除腐败滋生的土壤和条件的做法

中铁工业立足企业发展实际，紧扣“铲除腐败滋生的土壤和条件”这一主题，以建设全面从严治党“五大体系”为目标，坚持强思想、强监督、强执纪、强文化全方位发力，一体推进“三不腐”，形成“3534”全周期管理工作法，创建了具有国有企业特色的腐败土壤和条件研究治理模型，具体内涵实质是：“3534”全周期管理工作法是一个有机整体，即在理想信念教育上做到“3个强化”，深学细悟加强政治建设，解决信念不牢固问题；在构建“不敢腐”的惩戒机制上做到“5个坚持”，持续强化震慑威力，解决行为不端正问题；在构建“不能腐”的制度建设上做到“3个突出”，将权力关进制度的笼子，解决制度不健全问题；在构建“不想腐”的廉洁文化上建设“4大工程”，强化文化引领正本清源，解决文化不到位问题。

1. 以“3个强化”为统领，夯实理想信念根基，将腐败的土壤瓦解分化，为政治生态土壤良好培肥增墒

习近平总书记强调，理想信念是共产党人精神上的“钙”。没有理想信念，理想信念不坚定，精神上就会“缺钙”，就会得“软骨病”。要坚持政治建设、思想建设协同发力，找准“贯、学、自”3个切入点，引领广大党员干部不断增强政治意识，坚定理想信念，提升思想境界，

加强党性修养。

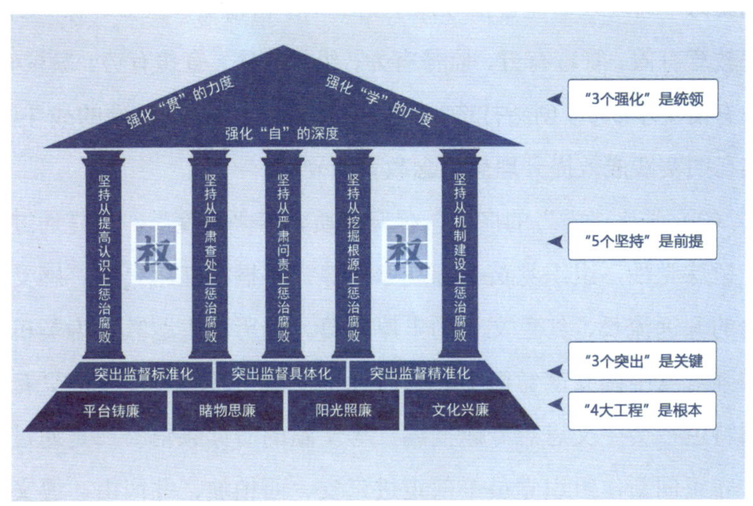

中铁工业“3534”全周期管理工作法

（1）强化“贯”的力度，淬炼理想信念“硬度”。一是聚焦宣贯提升思想力，做好习近平新时代中国特色社会主义思想和党的十九大、二十大精神宣贯，扎实开展“不忘初心、牢记使命”主题教育、党史学习教育、学习贯彻习近平新时代中国特色社会主义思想主题教育、党纪学习教育，举办各类理论学习培训班、交流研讨会等，用党的创新理论武装头脑、指导实践、推动工作。二是聚焦贯彻提升执行力，在不断加强政治理论学习的基础上，以落实“第一议题”为载体，事前研究制定“第一议题”实施细则，事中督促制定和落实“第一议题”责任清单，事后检查落实效果和成果运用，以全过程参与的方式确保“第一议题”质量。三是聚焦贯通提升融合力，督促党员干部、职工群众培养系统思维、联动思维，加强对政治理论学习内容的融会贯通、工作开展的协同推进，通过专家授课、业务练兵、挂职锻炼、交叉办案、跟班学习等方式，实现理论与实践的有效融合。四是聚焦贯穿提升创新力，通过政治监督指导基层党组织严格落实“三会一课”制度，围绕教育有效、管理有方、监督有力、组织有序、宣传有势、凝聚有招、服务有情基本职责，创新打造“七有”党支部，筑牢全面过硬的战斗堡垒，以实在的实践成效提升理想信念教育的硬度。

（2）强化“学”的广度，提升素质素养“高度”。一是通过“学文”锤炼党性，组织党员干部观摩何尊、焦桐、红旗渠等，感受中华文化的源远流长、红色文化的丰厚底蕴。以历次主题教育为契机，持续加强对《中国共产党简史》《习近平谈治国理政》《习近平新时代中国特色社会主义思想专题摘编》等文献的研读领悟。二是通过“学史”守正创新，组织党员干部走进延安、西柏坡、井冈山、遵义等红色教育基地，领略回顾历史进程中的大事记，深刻领悟伟大建党精神，坚定“四个自信”的发展力量。三是通过“学人”对标先进，走近周公、召公等历史先贤，走近中共一大代表王尽美、十九大代表王中美等先进模范，编纂《企廉》《家廉》《典廉》专刊书籍，引导党员干部积极向古代圣贤、近代先驱和当代先进学习，强化正能量的引导。四是通过“学案”警示震慑，坚持每年召开警示教育大会，通报典型案件；选取查处的典型性和代表性案件，编印典型案例及突出问题警示教育录；选取职务违法犯罪和“四风”顽瘴痼疾典型案例，拍摄警示教育片，用身边人现身说法，教训深刻、发人深省。

（3）强化“自”的深度，提炼作风形象“纯度”。一是以自我净化“找准问题”。坚持问题导向，通过政治巡察、警示教育、监督检查、廉洁提醒、政治回访等方式，综合分析企业政治生态和党员队伍思想状况，督促党组织和党员干部从思想深处查找自身存在的问题，开展党性分析、批评和自我批评、承诺践诺，明晰自身改进和提升的方向。二是以自我完善“固本提升”。通过补短板、强弱项、固根本，防源头、治苗头、打露头，堵塞制度漏洞，健全监督机制，提高党员干部的能力素质和作风形象。三是以自我革新“出新出实”。坚决破除不合时宜的思想观念和体制机制弊端，以扎实的监督推进理论、实践、制度、文化等各领域各方面创新。克服“家丑不可外扬”的观念，点人点事开展警示教育，常态化运用好“批评与自我批评”，达到“教育一人、警示一片、防患未然”的效果。四是以自我提高“激发动能”。激励党员干部尤其是纪检干部时刻保持学习提升的劲头，在干中练、事上练，不断强化本领素质。加强对犯错误党员干部的严管厚爱，消除负面情绪，激发干事热情，对后期表现突出的6名曾受到处分的领导干部提前解除处分，极大调动了其干事创业的积极性。

2. 以“5个坚持”为前提，强化“不敢腐”的震慑，将腐败的土壤板结碱化，为政治生态土壤良好除草除害

习近平总书记强调，要持续保持惩治腐败高压态势。面对依然严峻复杂的形势，反腐败绝对不能回头、不能松懈、不能慈悲。要坚持全周期管理，从思想上提高认识、端正态度，从行动上严肃查处、从严问责，从结果上深挖根源、完善机制，不断强化“不敢腐”的震慑。

（1）坚持从提高认识上惩治腐败。一是充分认识权力是最大的腐蚀剂，督促党员干部慎用手中的权力，用好手中的权力，强化权责对等意识。制定落实“两个责任”实施意见，把全面从严治党工作纳入党委总体工作部署。制定落实“两个责任”任务清单，将党委主体责任、纪委监督责任、党委书记第一责任人责任、班子成员“一岗双责”融为一体，提升全面从严治党“四责协同”机制运行质量。坚持层层

签订《党风廉政建设责任书》，将“两个责任”落实情况纳入巡视巡察工作要点和党建工作责任制考核内容。二是充分认识反腐败无禁区、全覆盖、零容忍，重遏制、强高压、长震慑的工作方针，强化党员干部的纪律意识、规矩意识，坚持纪严于法、纪在法前，对触犯纪律的党员干部动辄则咎、及时处理，督促党员干部提升对纪律的敬畏心态。三是充分认识健全反腐败法规制度是落实全面从严治党要求的基础性工作，是推进党风廉政建设和反腐败斗争的利器。针对作风建设存在的恶风陋习、薄弱环节，制定《内部违规吃请送礼问题加强监督问责九条措施》《领导人员操办婚丧喜庆事宜若干规定实施细则》等专项制度，以制度的刚性约束推动作风进一步转变。坚持不懈反对形式主义、官僚主义，出台《改进工作作风、密切联系职工群众 12 项措施》《为基层减负 30 条》等具体措施，推动职能部门修订完善业务招待、办公用房、会议管理等规章制度。

（2）坚持从严肃查处上惩治腐败。一是注重政治性，坚定政治立场，严守政治纪律，在处置每个问题线索、审查每个违纪案件中始终做到讲政治、顾大局，以查办案件促进企业发展。二是注重规范性，严格规范线索处置、严肃运用谈话函询、严实开展初步核实、严密推进审查调查、严谨细致进行审理，通过规规矩矩的工作程序，确保查处工作质量。三是注重保密性，严格落实《中国共产党纪律检查机关监督执纪工作规则》要求，严控知悉范围，避免信息泄露对查处工作造成麻烦，同时注重对嫌疑人及被谈话人的保密性，避免对其造成不良影响。四是注重综合性，对问题严重的人员坚决立案调查，同时综合运用警示教育、诫勉谈话、组织处理、纪律处分等多种方式开展执纪，实现监督执纪常态化、长效化。

（3）坚持从严肃问责上惩治腐败。一是坚持“两个依据”，依据党的纪律、规定和国家法规，做到有权必有责、有责要担当、失责必追究，不能含糊；依据事实，严把政策，做到不随意、不随性。二是做到“两个不能”，不能什么问题都问责，到不了问责程度的以提醒批评教育为主，不能简单地以问责了之，伤害同志的感情和积极性；不能说问责就问责、想怎么问责就怎么问责，要严格执行《中国共产党问责条例》《中国共产党纪律检查机关监督执纪工作规则》，按程序提出意见，作出处理。三是坚持“三个落实”，落实“四种形态”，落实“三给”政策，落实“三个区分开来”。坚持惩前毖后、治病救人，只要是运用谈话函询第一种形态的，都是组织对被谈话函询人员的信任。在纪律审查中对符合《中国共产党纪律处分条例》从轻或者减轻处分六种情形的审查对象，要求其采取措施积极挽回损失，通过“给政策、给台阶、给出路”，让被审查人员积极端正态度、悔错改错。制定《经营投资免责事项清单》，为担当者担当、为负责者负责，鼓励干部担当作为。

（4）坚持从挖掘根源上惩治腐败。一是总结分析，加强对腐败现象、行为的综合分析研究，搞清楚潜藏在腐败行为背后的深层次原因，通过挖的深度提升对嫌疑人的震慑力度。二是持之以恒，以慎终如始的态度开展问题线索核查，面对核查过程中遇到的嫌疑人不配合、证据链条不足等困难，以“咬定青山不放松”的劲头和“霹雳手段+菩萨心肠”相结合的方式，保障执纪审查安全有序可控。三是坚持原则，印发《机关管理人员违规干预和插手企业重要事项记录报告有关规定》，坚决查处私存线索、跑风漏气、说情干预、违规过问案件等行为，避免因人说情等原因人为地从轻或减轻处分。

（5）坚持从机制建设上惩治腐败。一是深化纪检监察体制改革，完善反腐败工具箱，与时俱进提升纪检队伍能力素质。对职能部门履行监督管理职责开展再监督，督促“专业的人干专业的事”，打通系统管理“最后一公里”。落实查办腐败案件、履职考核以上级纪委领导为主要求，加强对下级纪委的指导和监督。二是建立责任溯源机制，严格落实有权必有责、有责必担当，彰显对腐败“零容忍”的态度。三是完善纪法衔接机制，聚焦委管企业纪检组织没有监察权的实际，加强与地方监委的沟通交流，成功向地方监委移送首例职务犯罪案件。四是建立行贿人黑名单机制，加大对行贿行为的惩治力度，从源头治理“围猎”行为。严肃坚决查处拉干部下水、危害一方的行贿人，健全对重点行贿人的联合惩戒机制，遏制行贿人“一本万利”的行为动机，进一步压缩“围猎”空间。五是推进以案促改、以案促治，针对企业首例移交地方监委案件，组织开展《案件情况及忏悔材料摘要》专题反思学习，分析腐败行为的共性表现和系统性、典型性、普遍性问题，找准薄弱环节和廉洁风险点，举一反三规范权力运行。

3. 以“3个突出”为关键，扎牢“不能腐”的笼子，将腐败的土壤隔离僵化，为政治生态土壤良好刨平梳整

习近平总书记强调，要完善权力监督制度和执纪执法体系，使各项监督更加规范、更加有力、更加有效。监督是纪检监察机关的基本职责、第一职责，要通过强化监督标准化、具体化、精准化建设，切实发挥监督保障执行，促进完善发展作用，进一步扎牢“不能腐”的笼子。

（1）突出监督标准化。一是制订监督工作计划，及时学习了解党中央决策部署精神，因时因势制定年度监督工作任务清单，实现监督

工作台账化、清单化管理。二是建立监督会商机制，制定发布反腐败工作协调小组工作规则、再监督工作实施办法，定期研究监督工作开展情况，反馈监督发现问题，调整监督工作重点。三是建立监督联动机制，加强对所属单位纪检组织年度监督工作的指导，实现重点工作上下贯通、特色工作有效把控。四是构建大监督格局，联通纪检、巡视巡察、审计、合规等监督主体，落实监督计划协同、联合监督检查、重要情况会商、监督信息共享、案件联合查办等机制，提升监督合力。

（2）突出监督具体化。一是聚焦政治监督，促进习近平总书记“三个转变”重要指示批示精神在企业贯彻执行，推动国企改革三年行动圆满收官，围绕“1025”重大专项研究、CZ铁路“五大工程”建设等重点任务开展监督工作。高度重视政治巡视巡察整改“后半篇”文章，推动解决所属单位房产证办理等多项涉及职工切身利益的“久拖未销”遗留问题。二是紧盯关键领域、关键环节、关键节点加大监督力度。聚焦物资采购、劳务分包、废旧物资处理等领域违规违纪问题，加大监督执纪力度。加强对选人用人全过程监督。对奖励发放、业务接待、物资采购、安全生产等关键领域开展再监督，通过下发《工作函告》《监督建议书》等提出监督建议，明确整改要求。三是加强上下联动推进专项监督，开展JW业务合规管理，深化JWYJ整治防范风险；开展化公为私、民企挂靠国资、“影子公司”“影子股东”问题专项整治，组织背书承诺；开展党员干部违规打麻将问题专项整治，破除不良风气；以开展项目管理提质增效专项监督为突破口，对项目管理开展“再监督”，严查项目管理中不担当不作为乱作为、以权谋私、损公肥私等问题，确保国有资产不受损失。

（3）突出监督精准化。一是聚焦精准把脉，搞清楚问题的发生是思想认识问题还是能力作风问题，是执行层面问题还是制度机制问题，是个别领导干部履职尽责问题还是政治生态问题。通过精准分析问题，找出问题成因，做到因类施策。二是聚焦监督闭环，针对监督发现的问题提出整改建议，完善纪检监督建议的提出、督办、反馈和回访监督机制，强化刚性约束，增强做好“后半篇文章”的系统性、针对性和实效性，做到从“解剖一个问题”到“解决一类问题”。三是聚焦举一反三，始终坚持监督与规范企业治理紧密结合，督促责任部门通过监督发现制度执行存在的问题弊端、制度体系存在的堵点梗阻，实现完善制度、规范程序、堵塞漏洞。

4. 以“4 大工程”为根本，提升“不想腐”的自觉，将腐败的土壤失温硬化，为政治生态土壤良好保温灌溉

《关于加强新时代廉洁文化建设的意见》指出，要把加强廉洁文化建设作为一体推进“三不腐”的基础性工程抓紧抓实抓好。要坚持正面引领，注重教育效果，从中华优秀传统文化中汲取智慧力量，通过建设“4 大工程”，实现固本培元、启智润心，不断提升“不想腐”的自觉。

（1）建设“平台铸廉”工程。一是打造工作平台，打造推广线下、线上、移动廉洁文化工作室 36 个，充分与产品特性、工程属性相结合，赋予廉洁教育、学习培训、理论研究、共建共享等内涵，将工作阵地建在车间、高原、项目等一线，充分保障国家重点工程建设。二是打造培训平台，围绕监督执纪问责等业务实操流程、党纪处分条例等具体内容，原创《“六廉”百集微视频》《纪人说纪》共计 202 集视频微课；编辑廉洁风险防控指南、模拟案卷等业务教材，持续提升纪检人员专业能力。三是打造研究平台，成立廉洁文化建设理论研究专班，

结合实践经验开展理论研究，深入思考总结经验做法并进一步指导实践。四是打造共建平台，与驻地纪委监委开展廉洁共建，建立日常沟通交流渠道和共惩腐败机制，彰显纪法衔接优势。

（2）建设“睹物思廉”工程。一是坚持“三设三进”，廉洁文化成果不能束之高阁，要进机关、进车间、进项目。通过设立廉洁标语、意见箱、廉洁橱窗、文化长廊、廉洁衣冠镜和廉洁展板等，与科研院所、制造现场、会议室、办公区、职工集中生活区等融合，使廉洁元素与企业生产经营管理紧密结合。二是坚持双向互动，发挥广大职工群众智慧力量，开展“笔墨书廉”“漫画绘廉”等文化作品征集、党风廉政知识竞赛、廉洁作品展演等活动，通过提升职工群众的参与感加强廉洁文化的感染力。三是坚持融入日常，推进廉洁文化建设融入工作生活、融入地域特色，将日用而不觉的价值观念具体化，设计制作文化类、娱乐类、生活类等48种文创产品，实现廉洁文化“眼睛看得到、耳朵听得到、手掌摸得到、心里想得到、脑子记得到、言行悟得到”。

（3）建设“阳光照廉”工程。一是照进职工家庭，开展廉洁家访、评选廉洁家庭、邀请家属座谈，固化一句家庭廉洁寄语、一封廉洁家书、一份廉洁承诺、一场家庭廉洁会议“四个一”活动，推动廉洁文化进家入户，把家庭建成拒腐防变的坚固堡垒。二是照进合作厂商，构建亲清合作关系，让廉洁文化走进产业链上下游，通过廉洁共建推动产业链协同共赢发展。三是照进典型选树，开展廉洁典型人物、廉洁家庭、廉洁文化创建先进集体评选表彰，发挥榜样示范引领作用；选聘大国工匠、劳动模范等为“六廉”监督员，积极营造“学廉倡廉促廉”的良好氛围。

（4）建设“文化兴廉”工程。一是固化文化形象，设计廉洁文化品牌 LOGO，制作 VI 手册，发布廉洁文化工作室管理制度体系文件，通过先固化后僵化再优化的方式，实现文化形象可塑可感。二是培育文化亮点，创新设置“清心省廉区”、持续开展“新年廉洁第一课”、广泛组织“岗位廉洁风险大家谈”，不断丰富思想教育和文化传播的方式载体。三是挖掘文化灵感，将廉洁文化与党内政治生活、群团活动、一线中心工作相融合，开展主题党日、创作文艺作品、举办特色活动，让有意义的事情做得有意思，让有意思的事情做得有意义。四是互鉴文化经验，主动走出去、请进来，到红色教育基地、警示教育馆、监狱廉洁教育实地参观学习，邀请专家老师授课讲学，从研学中补足精神之“钙”，铸牢思想之“魂”。

三、国有企业铲除腐败滋生的土壤和条件的成效收获

企业通过大力实施“3534”全周期管理工作法，在铲除腐败滋生的土壤和条件的同时，持续净化着高质量发展的良好政治生态，开创了以惩戒强震慑、以制度立规矩、以文化固根基、以践学筑信仰的良好局面。

（一）以惩戒强化震慑，高压态势更加稳固

企业认真落实“5 个坚持”要求，强化了执纪问责水平，形成“不敢腐”的震慑威力，反腐败的高压态势更加稳固。一是惩戒的高度不断强化。站在企业政治建设和高质量发展的维度来开展执纪问责，把查办案件与企业中心工作相结合，围绕企业改革、科技创新、生产经营，聚焦重点领域、新兴领域、海外市场，坚持失责必问、问责必严。二是惩戒的准度不断强化。始终紧盯关键少数特别是“一把手”的监督执纪问责，综合运用谈话提醒、批评教育、纪律处分、移交司法等手段，从严规范领导干部行为，严肃查处涉及各级领导班子成员的问题线索，

企业成立以来各级纪检组织查处涉及各级“一把手”问题线索99件，给予党纪处分18人次、政纪处分21人次，追究刑事责任1人，有力推动公正用权、规范用权、廉洁用权。三是惩戒的力度不断强化。坚持抓早抓小、防微杜渐，对苗头性、倾向性问题及时谈话函询，使“咬耳扯袖”“红脸出汗”实现常态化；坚持纪法衔接，妥善做好向地方监委移送的首例职务犯罪案件，达到了政治效果、纪法效果、社会效果的有机统一。企业成立以来共接收信访举报388件次（含上级转办），处置问题线索521件，立案103件，结案103件，给予党纪处分111人次、政纪处分156人次、组织处理586人，运用“四种形态”处理党员干部853人次，其中第一种形态占比68.46%；第二种形态占比26.03%；第三种形态占比5.16%；第四种形态占比0.35%。四是惩戒的狠度不断强化。推动建立重点行贿人“黑名单”制度和联合惩戒机制，坚持行贿受贿一起查，保持高压震慑，斩断了“围猎”与“被围猎”利益链，破除了权钱交易关系网。

（二）以制度挺立规矩，纪律意识更加强化

企业通过“3个突出”，扎紧了制度笼子，健全了体制机制，提高了监督质效，企业内部规矩意识和纪律意识更加强化。一是监督的制度更加健全。印发《构建“不能腐”体制机制实施方案》，推动形成“用制度管权、按制度办事、靠制度管人”的有效机制，推动各系统各板块建立健全管理制度，以务实管用的办法、流程抓好日常监督，进一步规范了干部选拔任用、劳务分管管理、物资采购管理、市场经营管理等工作，确保了企业发展科学健康。二是监督的体系趋于完善。监督的合力更加明显，纪检监督与巡察监督、审计监督、业务部门监督贯通融合、一体发力；系统思维更加突出，健全“全周期管理”机制，推动全面从严治党体系内容上全涵盖、对象上全覆盖、责任上全链条、制度上全贯通；类案分析更加扎实，推动以案促改形成长效机制，以案促建形成大监督格局，以案促治堵塞风险漏洞，推动防范和治理腐败问题常态化、长效化。三是监督的质效明显提高。做到“两个维护”的政治自觉和践行“三个转变”的行动自觉更加主动，“1025”一期专项任务顺利完成，大排量泵、盾构设备密封等国产化研究取得突破进展；CZ 铁路“五大工程”建设稳步推进，TBM、专用设备等产品表现优良；市场开拓更加有力，产品国内市场占有率稳居第一，海外市场话语权越来越重。企业纪委连续 3 年履职考核被上级评为优秀。

（三）以文化坚固根基，政治生态更加清朗

企业持续加强“4 大工程”建设，不断提升廉洁文化的引领作用、教育作用、纽带作用，以“不想腐”的自觉推动企业政治生态持续向好。一是正面引领作用日益突出。“善、能、敬、正、法、辨”的廉洁文化内容愈发丰富，内在品质已成为党员干部履职尽责、担当作为、廉洁自律的价值追求和行为准则，先后选树廉洁典型 6 名、先进集体 9 个、先进个人 39 名、廉洁家庭 12 组，发布廉洁家规故事 18 个。二是反面教育作用日益突出。以每年召开警示教育大会、定期编印典型案例和突出问题教育警示录、拍摄警示教育片等方式，用身边的反面典型教育党员职工，教训深刻、发人深省，先后召开警示教育大会 346 次，通报典型案例 1123 个，组织参观警示教育基地 2 万余人次，有力促进广大党员干部明理铸魂、明纪崇廉、明责促行，不断激发“不想腐”的内生动力。三是联动纽带作用日益突出。先后与北京市丰台区、河北省、武汉市、郑州市、厦门市等 15 个省市级纪委监委签订《监企共建协议》，在廉洁文化成果共享、执纪执法工作协作、纪检干部队伍培养、理论课题研究等方面开展密切合作，企监共建格局基本形成，构建了日渐清朗的企业政治生态。企业廉洁文化建设工作做法先后荣获全国管理创新成果二等奖、央企党建政研课题一等奖等荣誉，在《中国纪检监察报》《国企党建》等媒体发表10余篇理论文章，连续3年在大连高级经理学院与全国国有企业纪检监察干部交流分享。

（四）以践学筑牢信仰，发展活力更加澎湃

企业扎实推进“3个强化”，党员干部理想信念进一步坚定，党性修养进一步提升，干事创业热情进一步高涨，企业党的建设和高质量发展成果显著。一是政治底色更加醇厚。坚持党的全面领导，加强党的建设，以“三基建设”为抓手，打造“当先锋、立主峰、攀高峰”的“三峰党建”品牌，构建“一体五翼”党建工作格局，完善“五位一体”党建工作体系，指导基层党组织打造“七有”党支部，筑牢全面过硬的战斗堡垒，“三峰党建”获评中国中铁基层党建品牌。二是干事创业更加凝合。健全选贤任能、优胜劣汰的选人用人机制，一批优秀干部在急难险重任务中竞相涌现，一些成熟人才在市场化引进与分类培养中不断成长，各级领导班子结构更趋合理，“三能”导向愈发凸显，“以贡献定奖惩、以业绩论英雄”的观念深入人心。涌现出王中美、王杜娟、曲岩、张明、王英琳、王安永等一大批全国劳模先进典型。三是发展势头更加强劲。清朗的政治生态推动健康的发展生态，企业锚定高质量发展目标，建体系、优布局、调结构、促改革、增效益，利润贡献连续6年居中国中铁前列，连续6年获评中国中铁经营业绩考核A级，连续6年获评上交所信息披露A级，产品和服务遍及全球78个国家和地区，盾构创新研发团队被中共中央、国务院授予首届“国家卓越工程师团队”称号，多次荣获中国质量奖、中国工业大奖等国家重量级奖项。

后 记

家规好则家风好，家规正则家风正。

廉洁家风是良好社会风气的重要组成部分，是抵御腐败的一道重要防线，尤其是党员领导干部的家风，不仅关系自己的家庭，而且关系党风政风。二十届中央纪委三次全会强调，要把新时代廉洁文化建设融入党的宣传思想文化工作，充分挖掘优秀传统廉洁文化的丰富内容，积极宣传廉洁理念、廉洁典型，注重家庭家教家风建设。

让我们品味家规家训，感受真挚浓厚的家国情怀。《润廉》一书结合企业“守正创新、六廉兴企”廉洁文化理念，撷取了来自中铁工业各条战线的18名干部群众的好家规故事，传承弘扬孝慈仁爱以廉善、自立自强以廉能、爱国奉献以廉敬、读书正业以廉正、公正守法以廉法、清醒廉明以廉辨的六种品质。这些故事感人肺腑、发人深省，书香萦绕，一股股世间家国情扑面而来；字里行间，一颗颗世上凡人心相约而至，令人开卷有益、掩卷有思、闭卷有得、释卷有获。

让我们坚守家规家训，延续优秀传统文化的精神命脉。《礼记·大学》有云：“修身、齐家、治国、平天下。”中华民族自古以来就重视家庭建设，“国家”是中华民族特有的概念，“国”与“家”紧密相连，国由家组成，有家才有国，家兴则国泰，家和万事兴。其中，“家规”作为家族治家教子、修身处事的重要载体，对于涵养新时代的良好家风、建设和谐幸福家庭具有不可替代的作用。从这个意义上讲，我们阅读和品味好家规故事仅仅只是开始，传承和践行好家规才是目标。

让我们谨记家规家训，保持清正廉洁的从业之道。作为新时代国有企业员工，我们肩负着推动企业高质量发展、助力实现中国式现代化的历史使命，更应当严于律己、以身作则，教育约束好配偶子女，管好身边人，涵养好家风，不断增强对党对国家的忠诚之心、对廉洁从业的律己之心、对工作事业的担当之心、对父母长辈的仁孝之心、对子女晚辈的博爱之心、对朋友邻里的包容之心、对弱势群体的同情之心、对美好未来的奋斗之心……我们要用“小爱”汇成“大爱”、用“小家”托举“大家”，以家风正带动民风淳，以民风淳促进企风清，汇聚清正廉洁的正能量，全面推动中铁工业“守正创新、六廉兴企”一路乘风破浪、行稳致远！

让我们领悟理论与实践的辩证统一，感受理论创新和实践创新的良性互动。我们国有企业要紧密围绕改革发展和党的建设中心工作，聚焦廉洁文化建设工作的重点、热点、难点问题，深入基层一线，深入职工群众，广泛开展调查研究，积极探索新形势下廉洁文化建设的特点和规律，注重理论研究，推进理念创新、手段创新、基层工作创新，并将创新成果转化为制度规范或思路举措，为企业高质量发展提供重要保障。

最后，向提供好家规故事的职工朋友，以及为本书编辑提供大力支持的各单位表示衷心的感谢，致以崇高的敬意！